JN014200

実践に向けた スポーツ科学の 基礎・応用

布袋屋浩　中島理恵　加藤幸真　編著

ポラーノ出版

　スポーツに関する学びは多岐に渡ります。例えばスポーツ医学、スポーツ社会学、トレーニング学など多くの分野に分かれています。そして近年では、さらに細分化している傾向にあります。そのため本書で全てを網羅しているわけではありませんが、まずはスポーツ科学に関する基礎的な知識を修得してもらうための内容を第Ⅰ部にまとめました。

　第Ⅰ部は1章から9章までで構成されています。まず、1・2章で健康・体力に関する基礎的な内容に触れ、3章では社会におけるスポーツという視点で紹介しました。その後、スポーツ医学、生理学的な視点から自身の身体を知るというテーマで4章から7章にまとめました。8章・9章は競技力向上やスポーツ外傷など、より応用的な内容となっています。
　第Ⅱ部ではより応用的な内容にするために近年、社会的なトピックスとなっているアンチ・ドーピングに関する話題を取り上げています。アンチ・ドーピングに関する基礎的な知識のみならず、より専門的な知識や、実際に現場で関わっている人々、教育現場での取り扱いについても紹介しています。

　本書の著者はスポーツ科学を専門とする者のみならず、教育学、医学および薬学を専門とする者で構成されています。多分野の専門家が一冊の著書を執筆することで、新たな視点からの内容になっています。
　本書を読まれた方の新たな学びとなることを期待しています。

編著者一同

Contents

まえがき……… 3

PART-1 健康・体力

1 健康とは ………………………………………… 11
1-1 健康と寿命　11
1-2 日本人の健康感　12
1-3 食生活と健康　14
1-4 睡眠と健康　16
1-5 健康の基本とは　16

2 体力とは ………………………………………… 19
2-1 体力の定義　19
2-2 体力の構成要素　19
2-3 健康関連体力　21
2-4 体力測定と評価の方法　23

3 スポーツと社会・文化 ………………………… 27
3-1 スポーツとは　27
3-2 競技スポーツと生涯スポーツ　28
3-3 スポーツに関連する法・基本計画　29
3-4 スポーツに関連する組織　30
3-5 スポーツに関わる人々　31

4 運動生理学 1──生化学的基礎 ……………………………… 35

4-1 エネルギー代謝　35

4-2 運動とエネルギー代謝　38

4-3 糖質・脂質・タンパク質　42

4-4 運動と糖質・脂質・タンパク質代謝　43

5 運動生理学 2──生理学的基礎 ……………………………… 45

5-1 運動と運動器：筋肉・神経・骨　45

5-2 運動と呼吸・循環　53

5-3 運動と内分泌　59

5-4 運動と血液・免疫　62

6 アスリートが知っておくべき人体の解剖生理 ………………… 65

6-1 筋肉　65

6-2 骨　67

6-3 神経　71

6-4 トレーニングとスポーツ生理学　74

7 疾病の予防・改善と運動処方 ……………………………… 77

7-1 メディカルチェックの意義と運動負荷試験の目的・方法　77

7-2 運動処方の意義、内容そして原則　80

7-3 生活習慣病に対する運動療法　82

7-4 フレイル、ロコモティブシンドローム、サルコペニアの位置づけと概要　90

7-5 高齢者の健康問題と運動療法　94

8 競技力向上 ……………………………… 99

8-1 競技力とは　99

8-2 トレーニングとは　100

8-3 トレーニングの原理・原則　101

8-4 超回復　102

8-5 競技力向上のための体力トレーニング　103

8-6 トレーニング計画　107

8-7 陸上競技のトレーニング実践例　108

9 スポーツとスポーツ医学 ……………………………………… 113

9-1 運動とスポーツ　113

9-2 スポーツ科学とトップアスリート　114

9-3 スポーツは身体にとってストレス　114

9-4 スポーツとスポーツ医学　115

9-5 昔の常識、今は非常識　120

9-6 「正座」は「悪座」　120

9-7 風邪とは　121

PART-2 スポーツと薬学

10 ドーピングの定義・歴史 ……………………………………… 127

10-1 ドーピングとは　127

10-2 ドーピングの歴史　128

10-3 アンチ・ドーピングとは　129

10-4 ドーピングが禁止されている理由　129

11 ドーピングの事例や現状 ……………………………………… 131

11-1 ドーピングの問題と選手の責任　131

11-2 アンチ・ドーピング規則違反事例　132

11-3 選手の健康管理上における薬の使用と相談先　133

11-4 問い合わせ対応事例　134

11-5 アンチ・ドーピング防止活動と教育啓発　136

12 アンチ・ドーピング活動を主導する組織 ………………… 137

12-1 WADA　137

12-2 JADA　138

12-3 JADA の活動　139

12-4 ITA と iNADO　139

13 アンチ・ドーピング規程等 ……………………… 141

13-1 アンチ・ドーピング規則違反　141

13-2 アンチ・ドーピング規定違反に対しての制裁措置　145

13-3 治療使用特例（TUE）と不服申し立て　147

14 WADAの禁止表・禁止物質 ……………………149

14-1 禁止表国際基準とは　149

14-2 常に禁止される物質と方法　151

14-3 競技会（時）に禁止される物質と方法　153

14-4 特定競技において禁止される物質　156

14-5 監視プログラム　156

14-6 生薬・漢方薬とサプリメント　157

15 ドーピング検査の種類と検査方法………………… 159

15-1 検査種別　159

15-2 ドーピング検査の採取する検体の種類　159

15-3 ドーピング検査の手順　162

15-4 居場所情報とは？　164

15-5 RTP/TPアスリートとは？　164

15-6 居場所情報の提出・更新　165

15-7 提出する情報　165

15-8 居場所情報関連義務違反とは？　165

16 アンチ・ドーピングに関わる人々 ……………… 167

16-1 薬剤師　168

16-2 医師　168

16-3 歯科医師　169

16-4 栄養士　169

16-5 トレーナー　170

16-6 ドーピング検査員　170

17 アンチ・ドーピング教育………………………… 173

17-1 アンチ・ドーピング教育の現在　173

17-2 学習指導要領におけるアンチ・ドーピングの取り扱い　175

17-3 アンチ・ドーピング授業の事例　176

I

健康・体力

健康とは

　「健康食品」、「健康グッズ」、「健康講座」など街中やメディア、SNS をとおして「健康」という言葉を日常的に見聞きすることが増えたのではないだろうか。私たちが長く、豊かに生きていくうえで健康は欠かせない。では、「健康」とはどのような状態であるのか。1946 年、世界保健機関（World Health Organization: WHO）では、「健康とは、病気ではないとか、弱っていないということではなく、肉体的にも、精神的にも、そして社会的にも、すべてが満たされた状態にあることをいいます（日本 WHO 協会訳）」と定義した。この考え方は、世界中の人々が目指す「健康」の共通の理想として今日まで受け継がれてきているが、「健康」という理想に向かうための課題や、「健康」に対する考え方は、時代背景によって大きく変化する。その代表的な例が、新型コロナウイルス感染症流行による影響ではないだろうか。どのような時代にあっても、共通していることは、「健康」とは一時的な取り組みではなく、生涯にわたる生活全般の取り組みであり、私たち一人ひとりがさまざまな疾病の予防や生活習慣の改善に対して主体的に努めていくことが健康の保持・増進につながる。

▷ 1-1　健康と寿命
　日本は世界的に見ても長寿国であることはいうまでもなく、平均寿命は、2019（令和元）年には男性 81.41 年、女性 87.45 年となり、男女ともに過去最高の水準に達した（**図1-1**）（厚生労働省、2021）。平均寿命は今後さらに延伸することが予想されているが、寿命が長いことだけが果たして「健康」といえるのだろうか。「健康上の問題で日常生活が制限されることなく生活できる期間」のことを「健康寿命」という。健康寿命は、2019（令和元）年には男性 72.68 歳、女性 75.38 歳となっており、平均寿命と同様に健康寿

命も延伸している（**図 1-1**）。一方、平均寿命と健康寿命の差を見てみると男性で約 9 年、女性で約 12 年の差があることがわかる。これは、長く生きたとしても要介護状態などによって寝たきりとなる状態が 9 年または 12 年続くことを意味している。寝たきりの生活が続く場合には行動に制限がかかり、生活の質（QOL）の低下が予想される。そのため、本当の意味での「健康」を考えるならば、長く生きるにしても健康上の問題で日常生活に制限のかからない「健康寿命」の延伸を目指すべきである。

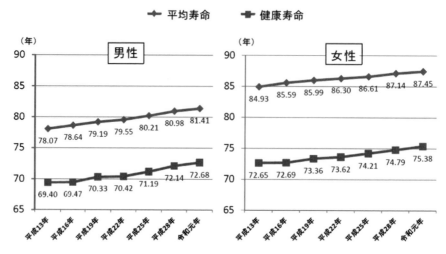

【図 1-1】　平均寿命と健康寿命の推移（厚生労働省、2021）

1-2　日本人の健康感

「健康意識に関する調査」（厚生労働省、2014）（**図 1-2**）によると、「普段健康と感じているか」という問いに対し、「非常に健康だと思う」「健康な方だと思う」と答えた人は計 73.7％であり、7 割以上の人が自分自身は健康だと感じていた。また、その健康感を判断する際に重視した事項としては「病気がないこと」63.8％、「美味しく飲食できること」40.6％、「身体が丈夫なこと」40.3％、「ぐっすりと眠れること」27.6％の順に割合が高いことが示されている。この調査結果から、なにかしらの病気に罹っていないことはもちろんのこと、食事や体力、睡眠などの生活習慣は、自分自身が健康であるかどうかを判断するための重要な要素であることがわかる。

　森本（2000）は、ライフスタイル（健康習慣）を日常生活習慣としてモデル化し、定量的に評価するために、8 つの健康習慣を作成した（**表 1-1**）。8 項目（運動習慣、喫煙習慣、飲酒習慣、睡眠時間、栄養バランス、朝食摂取の有無、労働時間、自覚的ストレス量）の健康習慣各項目について、該当する場合は 1 点、該当しない場合は 0 点とし、その合計点によって各個人の健康習慣を総合的に数値化できるものとした。自分自身の現在の生活習慣が「健康」であるために適切かどうか、まずは見直してみると良いだろう。

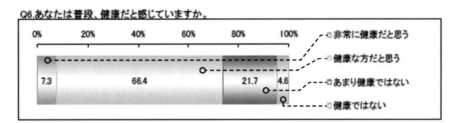

Q6.あなたは普段、健康だと感じていますか。

非常に健康だと思う … 7.3
健康な方だと思う … 66.4
あまり健康ではない … 21.7
健康ではない … 4.6

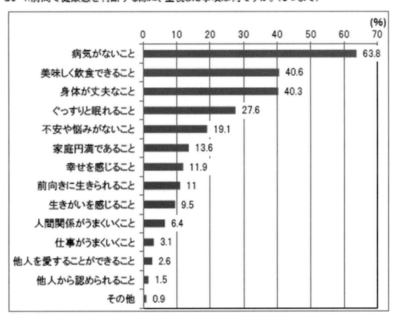

Q6-1.前問で健康感を判断する際に、重視した事項は何ですか。(3つまで)

項目	(%)
病気がないこと	63.8
美味しく飲食できること	40.6
身体が丈夫なこと	40.3
ぐっすりと眠れること	27.6
不安や悩みがないこと	19.1
家庭円満であること	13.6
幸せを感じること	11.9
前向きに生きられること	11
生きがいを感じること	9.5
人間関係がうまくいくこと	6.4
仕事がうまくいくこと	3.1
他人を愛することができること	2.6
他人から認められること	1.5
その他	0.9

【図 1-2】 健康意識に関する調査（厚生労働省、2014 より一部改変）

【表 1-1】 8 つの健康習慣

これ以降、本章では「健康」に関わる食事・食生活、睡眠を中心に概説する。体力（2 章）や運動（7 章）については以降の章を参照されたい。

① 毎日朝食を食べている
②１日平均７〜８時間は眠っている
③ 栄養摂取バランスを考えて食事をしている
④ タバコは吸わない
⑤ 運動や定期的なスポーツをしている
⑥ 毎日、そんなに多量のお酒は飲んでいない
（日本酒２合以下、ビール大ビン２本以下）
⑦ 労働時間は１日９時間以内にとどめている
⑧ 自覚的なストレスはそんなに多くない
- -
■健康状態の判定： 該当７〜８個＝ 良好
該当５〜６個＝ 普通
該当０〜４個＝ 不良

（森本、2000 より一部改変）

▷ 1-3　食生活と健康

　厚生労働省では、健康増進法（平成 14 年法律第 103 号）に基づき、国民の身体の状況、栄養素等摂取量および生活習慣の状況を明らかにし、国民の健康の増進の総合的な推進を図るための基礎資料を得ることを目的として、「国民健康・栄養調査」を実施している。この調査では、栄養素等摂取量の状況のほか、食習慣や食意識なども調査項目に含められている。

　2019 年（令和元年）の調査結果（厚生労働省、2020）によると、野菜摂取量の全体の平均値は 280.5g であり、男性 288.3g、女性 273.6g であった。2009 年（平成 21 年）からの 10 年間においても、男女ともに有意な増減はみられない。さらに、年齢階級別にみると、男女ともに 20 ～ 40 歳代で野菜摂取量が少なく、60 歳以上で多かった。現在の野菜摂取量の目標値が 350g（厚生労働省、2012）であることから、男女ともに野菜摂取量が目標値に達しておらず、特に 20 ～ 40 歳代で顕著であることがわかる。

　また、同調査（厚生労働省、2020）では、食習慣改善の意思についても調査している。「あなたは、食習慣を改善してみようと考えていますか」という質問に対して、「改善することに関心がない」「関心はあるが改善するつもりはない」と回答した者は、男性 41.1％、女性 35.7％であった。さらにこの調査結果を BMI の状況別に解析すると、BMI が肥満の者のうち、「改善することに関心がない」「関心はあるが改善するつもりはない」と回答した者は、男性 39.3％、女性 33.1％であった。約 3 ～ 4 割が食習慣を改善する意思はなく、肥満者においても同様の傾向にあった。肥満は多くの生活習慣病を引き起こす原因となるため、まずは肥満を予防することが重要であり、肥満予防には特に食習慣の改善から取り組むべきである。野菜には、ビタミンやミネラル、食物繊維が多く含まれており、これらの栄養素は体内のエネルギー代謝を助け、身体機能の維持・調整に不可欠である。また、多くの研究では、野菜摂取量の多い人は脳卒中や心臓病、がんにかかる確率が低いという結果も出ている。野菜を意識的に多く食べるなど、食習慣をすぐに改善することは難しいかもしれないが、肥満を予防して長く健やかに生きるためにも、若い時期から適正な食生活を実践する必要がある。

　これまでの「国民健康・栄養調査」においても、脂質の過剰摂取、野菜摂取量不足、食塩摂取過多などの栄養バランスの偏りのほか、若年者の朝食欠食など食生活の乱れが問題として挙げられてきた。このような食生活上の問題などを受け、一人ひとりの健康増進、生活の質の向上、食料の安定供給の確保などを図ることを目的に、食生活指針（農林水産省、2016）（**表 1-2**）が策定された。各指針に合わせて、具体的な実践も示されている。

【表 1-2】　食生活指針

食生活指針	食生活指針の実践
食事を楽しみましょう	・毎日の食事で、健康寿命をのばしましょう ・おいしい食事を、味わいながらゆっくりよく噛んで食べましょう ・家族の団らんや人との交流を大切に、また、食事づくりに参加しましょう
1日の食事のリズムから、健やかな生活リズムを	・朝食で、いきいきした1日を始めましょう ・夜食や間食はとりすぎないようにしましょう ・飲酒はほどほどにしましょう
適度な運動とバランスのよい食事で、適正体重の維持を	・普段から体重を量り、食事量に気をつけましょう ・普段から意識して身体を動かすようにしましょう ・無理な減量はやめましょう ・特に若年女性のやせ、高齢者の低栄養にも気をつけましょう
主食、主菜、副菜を基本に、食事のバランスを	・多様な食品を組み合わせましょう ・調理方法が偏らないようにしましょう ・手作りと外食や加工食品・調理食品を上手に組み合わせましょう
ごはんなどの穀類をしっかりと	・穀類を毎食とって、糖質からのエネルギー摂取を適正に保ちましょう ・日本の気候・風土に適している米などの穀類を利用しましょう
野菜・果物、牛乳・乳製品、豆類、魚なども組み合わせて	・たっぷり野菜と毎日の果物で、ビタミン、ミネラル、食物繊維をとりましょう ・牛乳・乳製品、緑黄色野菜、豆類、小魚などで、カルシウムを十分にとりましょう
食塩は控えめに、脂肪は質と量を考えて	・食塩の多い食品や料理を控えめにしましょう。食塩摂取量の目標値は、男性で1日8g未満、女性で7g未満とされています ・動物、植物、魚由来の脂肪をバランスよくとりましょう ・栄養成分表示を見て、食品や外食を選ぶ習慣を身につけましょう
日本の食文化や地域の産物を活かし、郷土の味の継承を	・「和食」をはじめとした日本の食文化を大切にして、日々の食生活に活かしましょう ・地域の産物や旬の素材を使うとともに、行事食を取り入れながら、自然の恵みや四季の変化を楽しみましょう ・食材に関する知識や調理技術を身につけましょう ・地域や家庭で受け継がれてきた料理や作法を伝えていきましょう
食料資源を大切に、無駄や廃棄の少ない食生活を	・まだ食べられるのに廃棄されている食品ロスを減らしましょう ・調理や保存を上手にして、食べ残しのない適量を心がけましょう ・賞味期限や消費期限を考えて利用しましょう
「食」に関する理解を深め、食生活を見直してみましょう	・子供のころから、食生活を大切にしましょう ・家庭や学校、地域で、食品の安全性を含めた「食」に関する知識や理解を深め、望ましい習慣を身につけましょう ・家族や仲間と、食生活を考えたり、話し合ったりしてみましょう ・自分たちの健康目標をつくり、よりよい食生活を目指しましょう

（農林水産省、2016）

▷ 1-4　睡眠と健康

「国民健康・栄養調査」（厚生労働省、2020）によると、日本人の１日の平均睡眠時間は６時間以上７時間未満の割合が最も高く、男性 32.7％、女性 36.2％である。６時間未満の者では、男性 37.5％、女性 40.6％であり、性・年齢階級別にみると、男性の 30〜50 歳代、女性の 40〜50 歳代では４割を超えている。つまり、**表1-1** に示した「１日平均７〜８時間」の睡眠時間を確保できている者は日本人の半分もいないことになる。日本人の睡眠時間は年々短くなってきており、世界的に見ても短いことがわかっている。これは、現代社会における夜型化や 24 時間化などが影響していることが考えられる。

　しかし、睡眠時間は長ければ長いほど良いというわけでもない。中谷（2005）によると、睡眠は、睡眠時間と睡眠パターンに個人差があるため、無理に長く眠ろうとすると、かえって睡眠の質を低下させることがあるので注意が必要であるという。実際に健康日本 21（第二次）（厚生労働省、2012）では、睡眠時間の増加ではなく「睡眠による休養を十分にとれていない者の減少」を目指している。日本人の睡眠の質の状況については、男女ともに 20〜50 歳代では「日中、眠気を感じた」、70 歳代女性では、「夜間、睡眠途中に目が覚めて困った」と回答した者の割合が最も高かった。また、睡眠の確保の妨げとなる点については、男女ともに 20 歳代では「就寝前に携帯電話、メール、ゲームなどに熱中すること」、30〜40 歳代男性では「仕事」、30 歳代女性では「育児」と回答した者の割合が最も高いことが報告されている（厚生労働省、2020）。働き盛りの年代で特に睡眠の質が悪い傾向にあるが、強い日中の眠気は注意力や判断力、作業能率の低下を招き、人為的ミスによる大きな事故を引き起こす恐れもある。さらに、睡眠不足は情緒を不安定にし、こころの病気につながるリスクを高める。

　このように、睡眠の質の状況や睡眠を妨げる要因については、性別、年齢によってもさまざまであるため、自分自身に合った快適な睡眠のとり方を見つける必要がある。「健康づくりのための睡眠指針 2014 〜睡眠 12 箇条〜」（厚生労働省、2014）（**表1-3**）では、良い睡眠のための生活習慣・環境や睡眠不足・睡眠障害の予防などについて、12 項目にまとめている。

▷ 1-5　健康の基本とは

　運動、食事、睡眠は「健康」の３本柱であり、どれか１つが顕著に良ければいいというものではなく、どれも可能な限り適切に保つ必要性がある。適度な運動、バランスの良い食事・食生活、十分な睡眠は健康づくりの基本である。適度な運動は、体に適度な疲労を与え熟睡を促進する。規則正しい食事は、生活のリズムを整え、特に朝食は体を覚醒させ目覚めを良くする効果がある。また、バランスの良い食事と適切な運動を心がけることで、生活習慣病の要因となる肥満の予防にもつながる。近年では、睡眠不足や睡眠障害も肥満や生活習慣病の要因となることがわかってきているため、十分な睡眠も重要である。

　一方、こころの健康にも、運動、食事、睡眠は重要である。適度な運動、バランスの良

【表1-3】　健康づくりのための睡眠指針2014 〜睡眠12箇条〜

1. 良い睡眠で、からだもこころも健康に
2. 適度な運動、しっかり朝食、ねむりとめざめのメリハリを
3. 良い睡眠は、生活習慣病予防につながります
4. 睡眠による休養感は、こころの健康に重要です
5. 年齢や季節に応じて、ひるまの眠気で困らない程度の睡眠を
6. 良い睡眠のためには、環境づくりも重要です
7. 若年世代は夜更かし避けて、体内時計のリズムを保つ
8. 勤労世代の疲労回復・能率アップに、毎日十分な睡眠を
9. 熟年世代は朝晩メリハリ、ひるまに適度な運動で良い睡眠
10. 眠くなってから寝床に入り、起きる時刻は遅らせない
11. いつもと違う睡眠には、要注意
12. 眠れない、その苦しみをかかえずに、専門家に相談を

（厚生労働省、2014）

い食事・食生活、十分な睡眠は心身の疲労回復をもたらし、加えて、ストレスと上手につきあうことでこころの健康を保つことができる。しかし、新型コロナウイルス感染症の流行は、これまで当たり前のように送っていた生活を一変させ、感染症拡大防止のための行動制限は人々の心身へ大きな影響を与えた。四方田（2020）は、SNS投稿内容から、新型コロナウイルスの感染拡大は、人々のウイルス感染への不安に加え、生活の変化や制限、報道内容や社会情勢の不安定さによる不安や疲労感、ストレスを生じさせていた実態が示唆されたことを報告している。

　コロナ禍での「健康」はウイルスに感染しないことが第一であり、WHOの「健康」の定義にあるような生活を送れるような状況にはなかった。長く、豊かに生きていくために、「健康」の基本となる運動、食事、睡眠の重要性をもう一度考えてみたい。

文献

日本 WHO 協会「健康の定義」

　　（https://japan-who.or.jp/about/who-what/identification-health/）

厚生労働省「健康寿命の令和元年値について」（2021）

　　（https://www.mhlw.go.jp/content/10904750/000872952.pdf）

厚生労働省「健康意識に関する調査」（2014）

　　（https://www.mhlw.go.jp/file/04-Houdouhappyou-12601000-Seisakutoukatsukan-Sanjikanshitsu_Shakaihoshoutantou/001.pdf）

森本兼曩「ライフスタイルと健康」『生活衛生』44（1）（2000）pp.3-12

厚生労働省「令和元年 国民健康・栄養調査報告」（2020）

　　（https://www.mhlw.go.jp/content/001066903.pdf）

厚生労働省告示 430 号「健康日本 21（第二次）」（2012）

　　（https://www.mhlw.go.jp/bunya/kenkou/dl/kenkounippon21_01.pdf）

農林水産省「食生活指針」（2016）

　　（https://www.maff.go.jp/j/syokuiku/attach/pdf/shishinn-9.pdf）

中谷真司「こころとからだのトータルケア」『体育の科学』55（11）（2005）pp.824-829

厚生労働省健康局「健康づくりのための睡眠指針 2014」（2014）

　　（https://www.mhlw.go.jp/file/06-Seisakujouhou-10900000-Kenkoukyoku/0000047221.pdf）

四方田健二「新型コロナウイルス感染拡大に伴う不安やストレスの実態：Twitter 投稿内容の計量テキスト分析から」『体育学研究 』65（2020）pp.757-774

体力とは

　2019年末に突如発生し、世界的に感染が拡大した新型コロナウィルスの影響を受けて、各国で外出制限やテレワークの導入が行われた。外出制限やテレワークの導入による運動不足は体力の低下を引き起こし、心身ともに悪影響をもたらす可能性がある。また、新型コロナウィルスの感染拡大以前からデスクワークの長時間化や自動車などの移動手段の発達によって、国民の体力低下が問題視されていた状況が今後さらに深刻化していくことが予想される。

　このような状況の中においても、健康を維持していくためには体力の維持・向上を目指し、自己管理していくことが不可欠である。本章ではこの体力について概説する。

▷ 2-1　体力の定義

　体力の定義は画一的ではなく、これまでに体力の定義を示してきた研究者によっても違いが見られる。その中で体力の定義として一般的に用いられるのは福田（1949）の考えをもとにした猪飼（1961）の「人間の生存と活動の基礎をなす身体的、および精神的能力である」という定義である。これは心身を切り離せないものとして考えており、体力を広義的に捉えた定義といえる。この他には身体的な側面で狭義的に体力を捉えた石河（1962）の「人間活動の基礎となる身体的能力」という定義がある。

▷ 2-2　体力の構成要素

　現在、一般的に体力の構成要素の説明に用いられているのは、福田邦三の原案を猪飼道夫が改変し作成した体力の構成要素の図である（図 2-1）。

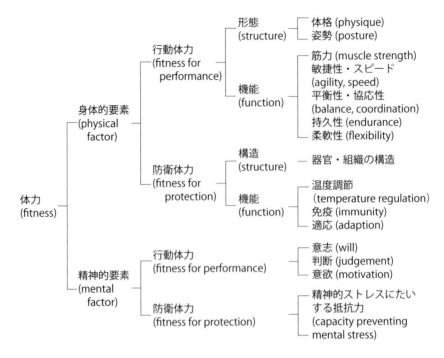

【図 2-1】 体力の構成要素 (猪飼道夫、1969)

　この図に示されているように、体力ははじめに身体的要素と精神的要素に分けられ、その両方が行動体力と防衛体力に分けられていく。

　まず、身体的要素からみると行動体力は形態と機能に分けられ、形態は体格と姿勢で構成される。機能は筋力、敏捷性・スピード、平衡性・協応性、持久性、柔軟性で構成される。防衛体力は構造と機能に分けられ、構造は器官・組織の構造で構成される。機能については温度調節、免疫、適応で構成される。

　次に精神的要素の方をみると行動体力は意志、判断、意欲で構成され、防衛体力は精神的ストレスに対する抵抗力によって構成される。

　ここで体力に身体的要素と精神的要素があることについては、持久走の場面をイメージするとわかりやすい。例えば被測定者の持久性が高くても、その日の意欲が著しく低ければ、持久走を限界まで追い込むことは困難である。このことから体力において身体と精神を分離して考えることはできないことがわかる。

　行動体力は行動の基礎となる体力でスポーツや労働を実施する際に用いられる体力である。筋力、スピード、持久性など機能の要素は体力測定により数量的に把握することが可能な要素である。精神的要素の面では意志、判断、意欲が含まれている。これらの要素は心理的な限界に関係する要素といえ、意志や意欲の水準が高い場合は心理的な限界に達するタイミングを遅らせることができる。

　防衛体力は心身の防衛に関係する体力である。心身を守るためには外部の刺激に抵抗する力を必要とする。この点に着目すると、防衛体力の機能の要素の温度調節、免疫、適応は身体的ストレスに対する抵抗力といえる。そして精神的要素の防衛体力は精神的ストレスに対する抵抗力の要素で構成されており、この2つの抵抗力により外部環境からの刺激に心身が抵抗する力が発揮されているのである。この外部の刺激については温度変化などの環境の変化に限らず、運動による酸素欠乏などの刺激も含まれる。7章でくわしく述べられているが運動を行う際は過負荷の原理により一定以上の負荷をかけないと身体は強くならない。そのため身体はトレーニング実施時には強い負荷により日常生活では起こり得ない状況に置かれる。その際に適応の機能が反応し、その運動の動作効率が上がったり、運動後の回復力が向上したりといった形で体力を強化した結果がトレーニング効果として現れるのである。

　行動体力と防衛体力の心身におけるバランスはどちらも高いことが理想的である。しかしアスリートはトレーニングで限界まで追い込むことで高い体力水準を有する反面、トレーニングによって身体を酷使することにより、免疫や適応の機能が対応できないほどストレスが強くなり、風邪をひきやすいといわれている。この場合、行動体力は著しく高いが、逆に防衛体力は低いということになる。反対にアスリートのように日常的にトレーニングをしていない人でもほとんど風邪をひいたことがなく、防衛体力が高い状態にある人もいる。行動体力と防衛体力のバランスを保つには適度な運動と心身にかかるストレスの管理が重要である。

▷ 2-3　健康関連体力

　従来の猪飼による体力の概念では、スピードなど運動能力に関する測定項目が多いが、その理由としてはスポーツ競技を志向した能力測定に重点が置かれていたことが報告されている（木原、2001）。しかし近年では、運動不足などが原因とされる生活習慣病が社会問題となったことにより、健康に関連した体力の測定項目として健康関連体力が示されるようになった。その体力要素は心肺持久力、筋力・筋持久力、身体組成、柔軟性の4つが挙げられる（青木、1993）。

◉ 2-3-1 〔心肺持久力（全身持久力とも呼ばれる）〕

　心肺持久力は長時間一定の運動を継続することができる能力である。有酸素性運動と密接な関係があり、最大酸素摂取量（VO_2Max）によって評価される。心肺持久力の主な測定評価項目には持久走や20mシャトルランが用いられる。心肺持久力を向上させるためには心拍数や呼吸数を高めて呼吸循環系を刺激する必要がある。トレーニングとしてはジョギング、水泳、サイクリングのような有酸素性運動を低めの運動強度で可能な限り長い時間行うことが有効である。

◉ 2-3-2　〔筋力・筋持久力〕

　筋力は筋肉の発揮できる能力のことであり、1回で持ち上げることのできる最大重量によって筋力は測られる。筋力の主な測定評価項目には握力が用いられる。筋力を向上させるためにはウエイトトレーニングを3回から5回繰り返すことができる重量で週2回以上実施することが有効である。

　筋持久力は筋肉が繰り返し収縮し続ける能力である。筋持久力の主な測定評価項目には上体起こしが用いられる。筋持久力を向上させるためには、特定の筋肉を動かし続ける反復運動が有効である。トレーニングとしては、連続して30回から50回を低負荷で行い、セット間のインターバルは短くとる方法がある。

◉ 2-3-3　〔身体組成〕

　身体組成は身体の成分組成のことであり、体脂肪と内臓・骨・筋などの除脂肪組織に分けられる。身体組成の測定方法には一般的にキャリパー法（図2-2）やインピーダンス法（図2-3）が用いられる。

　身体組成を向上させる、すなわち目的とする運動に適した身体組成にするためには脂肪の割合を減らして、筋肉などの除脂肪組織の割合を多くすることが必要である。

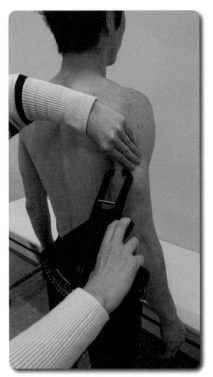

【図2-2】　キャリパー法

【図2-3】　インピーダンス法

◉ 2-3-4　〔柔軟性〕

柔軟性は筋肉と腱が伸びる能力のことであり、柔軟性の主な測定評価項目には長座体前屈が用いられる。柔軟性を高める方法には筋肉を伸ばした状態で反動をつけずに一定時間保持する静的ストレッチがある。この静的ストレッチを1回10秒から30秒を3セット程度、週に数回行うことが有効である。

▷ 2-4　体力測定と評価の方法

体力測定を行うことは自分自身の体力水準を知るために必要不可欠である。そして行動体力の機能における筋力や敏捷性などの体力要素に関する測定を行い、測定された値を評価基準と照らし合わせて評価し、その結果を踏まえて体力の向上のために役立てていくことが重要である。

◉ 2-4-1　〔新体力テスト〕

1998年よりわが国では新体力テストが全国の学校などで広く実施されている。それまで実施されていたスポーツテストでは体力と運動能力を区別していたが、新体力テストでは体力と運動能力は区別していない点が特徴である（文部科学省、2006）。また、新体力テストのテスト項目はスピード、全身持久力、筋パワー、巧緻性、筋力、筋持久力、柔軟性、敏捷性に対応しており、その中で心肺持久力、筋力・筋持久力、柔軟性は健康関連体力であるとしている（文部科学省、2006）（図2-4）。このように運動能力にのみ重点を置かないことにより、新体力テストは、スポーツ選手の体力測定としてではなく、一般の人の体力測定としての機能も含んでいることになる。

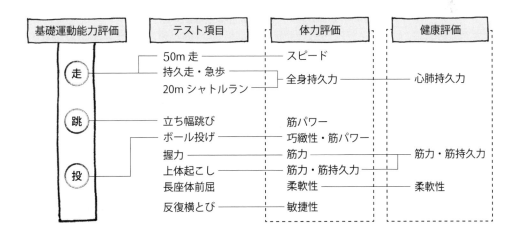

【図2-4】　新体力テストで測定される体力要素（文部科学省、2006）

　　新体力テストのテスト項目は対象者の年齢によって違いがある（**表 2-1**）。テスト項目の中で 12 歳〜 19 歳の持久走・シャトルランと 20 歳から 64 歳における急歩の種目はテストの測定者（教員やインストラクター）の判断によって項目の選択が可能である。

　　65 歳から 79 歳においては、各テスト項目を直ちに測定するのではなく、ADL（日常生活活動テスト）の判定基準によって各項目の実施の可否が検討される。ADL で判定基準に満たないと判断された場合はその項目は測定できない。

【表 2-1】　新体力テストの対象とテスト項目

6 歳〜 11 歳（小学校全学年）の男女児童	12 歳〜 19 歳までの男女	20 歳〜 64 歳までの男女	65 歳〜 79 歳までの男女
握力	握力	握力	ADL（日常生活活動テスト）※
上体起こし	上体起こし	上体起こし	握力
長座体前屈	長座体前屈	長座体前屈	上体起こし
反復横とび	反復横とび	反復横とび	長座体前屈
20m シャトルラン（往復持久走）	20m シャトルラン（往復持久走）※	急歩※	開眼片足立ち
50 m 走	50 m 走	20m シャトルラン（往復持久走）※	10m 障害物歩行
立ち幅とび	立ち幅とび	立ち幅とび	6 分間歩行
ソフトボール投げ	ソフトボール投げ		
	※持久走（男子 1500 m、女子 1000 m）か 20m シャトルランのどちらかを選択する。	※急歩か 20m シャトルランのどちらかを選択する。	※テスト項目については、ADL によるテスト項目実施のスクリーニングに関する判定基準により、その実施の可否を検討する。

（文部科学省「新体力テスト実施要項」より著者作成）

◉ 2-4-2　［コントロールテスト］

　　コントロールテストとは、各競技種目の特性に応じた項目を用いて定期的に実施される体力測定のことである（**表 2-2**、**表 2-3**）。コントロールテストの各項目はあくまでも体力を評価するものであるため、技術の差の影響が少なくなるように技術的には難しくないものでなければいけない。コントロールテストは主に次のような目的で実施されている。

・**トレーニングの管理**：テストの結果を分析し、被測定者が持つ課題の改善やトレーニング及びコーチングの計画の作成、見直しに活かされている。

・**パフォーマンスの予測**：コントロールテストは競技種目の特性に応じた項目で構成されている。そのため、各項目の成績が向上すれば、競技種目のパフォーマンス向上も期待ができる。しかし、この点においては各競技種目で求められるスキルやメンタルにも左右されることを考慮しておく必要がある。

・タレントの発掘：各競技団体の主催するイベントやセレクションなどの場面でコントロールテストを実施し、参加者の中で良い結果を出した者はその競技で求められる体力を有していると考え、テスト結果をスカウトする際の判断材料として用いることができる。

　コントロールテストにおいても新体力テストと同様にテスト結果を基に被測定者の体力水準を知り、そのコントロールテストを実施する際に設定した目的に合うように役立てていくことが重要である。

【表 2-2】　陸上競技のコントロールテストの項目例

測定する能力	テスト項目
スピード	30 m加速走、50m 加速走など
パワー	立ち幅跳び、立ち五段跳び、砲丸バック投げ、砲丸フロント投げ
最大筋力	ベンチプレス 1 RM、スクワット 1 RM、クリーン 1 RM、デッドリフト 1 RM など
筋持久力	60 秒間走
全身持久力	12 分間走（クーパー走）

【表 2-3】　バレーボールのコントロールテストの項目例

測定する能力	テスト項目
パワー	垂直跳び
	最高到達点
敏捷性	3 コーンテスト
間欠性回復力	Yo-Yo 間欠性回復力テスト
最大筋力	デッドリフト 1 RM
	ベンチプレス 1 RM
	スクワット 1 RM

文献

福田邦三・長島長節『体育学通論』大明堂書店（1949）

猪飼道夫『体育生理学序説』体育の科学社（1961）

猪飼道夫『運動生理学入門』杏林書院（1969）

石河利寛『スポーツとからだ』岩波書店（1962）

文部科学省『新体力テスト──有意義な活用のために』ぎょうせい（2006）

文部科学省「新体力テスト実施要項」

　　（https://www.mext.go.jp/a_menu/sports/stamina/03040901.htm）

木原勇夫・橋本龍樹『健康関連体力評価の最近の動向』島根医科大学紀要 24（1）；53-58；2001

青木純一郎「Health-related physical fitness test としての体力測定項目」『Japanese Jornal of Sports Science』12; 605-608; 1993

スポーツと社会・文化

3-1　スポーツとは

◉ 3-1-1　スポーツの語源

　現在の日本においてスポーツという言葉は一般的に使用されている。かつては日本体育協会と呼ばれていた組織は、日本スポーツ協会へと名称を変え、2024 年には国民体育大会も国民スポーツ大会へと名称を変える。大学においても多くの大学がスポーツという名称を持つ学部（スポーツ科学部、健康スポーツ学部など）を有している。他にもスポーツ新聞、学校行事としてのスポーツ大会などさまざまな場面で使用されている。

　このスポーツは英語の sport に由来している。sport の語源はラテン語の「deportare」であり、deportare の本来の意味は「運ぶ」であったが後に「休養・気晴らし」に変化した。

　deportare はその後古代フランス語の「deporter]・「desporter」、古代英語の「deport」・「dessport」を経て、「sport」へと変化を遂げている。

　意味は当初、上記の通り「休養・気晴らし」であったが、現在は最新スポーツ科学事典において「ルールに基づいて身体的能力を競い合う遊びの組織化、制度化されたものの総称」と定義されている。

◉ 3-1-2　スポーツと体育

　日本においてスポーツと同義的に使用される言葉に体育がある。スポーツの英語表記はsport であり、体育の英語表記は physical education であることからも、違う意味を含んでいることがわかる。スポーツは前述の通り「ルールに基づいて身体的能力を競い合う遊びの組織化、制度化されたものの総称」であることに対し、体育は「身体運動を媒介と

して人間形成をめざす教育的営み」と定義されている。

　学習指導要領によると保健体育科における体育分野の領域は、「体つくり運動」「器械運動」「陸上競技」「水泳」「球技」「武道」「ダンス」「体育理論」とされている。これらの領域を用いて教育していくことになる。

　このように自主的に行うものがスポーツ、教育として行われるものが体育となる。

🚩 3-2　競技スポーツと生涯スポーツ

　スポーツは競技スポーツと生涯スポーツに大別することができる。

　まず、競技スポーツは、勝敗を競い勝利を目指して行うスポーツである。例えばオリンピック・パラリンピック、各競技団体の世界選手権、日本選手権などの競技会に参加する選手や、Jリーガーやプロ野球選手といったプロスポーツ選手も競技スポーツの実践者といえる。競技スポーツの魅力は、技能や競争性の高さである。

　勝敗を競う競技スポーツと異なり、生涯スポーツは、健康長寿ネットによると「健康の保持増進やレクリエーションを目的として、いつでも、誰でも、どこでも気軽にスポーツに参加できるスポーツ」と定義されている。

　つまり年齢や性別、スキルにかかわらず参加することができるのが生涯スポーツである。競技スポーツはルールに則り実施されるが、生涯スポーツはルールを参加者で決めることが可能である。例えば、参加人数を変更する（サッカーを7人対7人で行う）、フィールドサイズを縮小する、道具を変更する等といったルール変更が参加者の同意のもと行われる。このような気軽さが生涯スポーツの特徴である（表3-1）。

【表3-1】　競技スポーツと生涯スポーツの特徴

	競技スポーツ	生涯スポーツ
時　期	決められた日時 （予選：○月○日○時） （決勝：○月○日○時）	いつでも
場　所	決められた会場 （○○アリーナ、○○スタジアム）	どこでも
参加者	参加資格を有するもの （予選会通過、参加標準記録突破）	だれでも

▷ 3-3　スポーツに関連する法・基本計画

　現在の日本のスポーツ振興は、2011年に施行されたスポーツ基本法を法的根拠として行われている。これまでの日本のスポーツ振興の歴史を見ていくと、1961年に制定されたスポーツ振興法が最初のスポーツ関連法案といえる。この法律は日本のスポーツ振興に関する施策の基本を初めて明らかにした法律であり、1964年東京オリンピック開催決定が制定のきっかけであった。この法律を制定することによりスポーツ施設の整備や拡充、体育指導員の養成などが行われるようになり、1964年東京オリンピックをきっかけとして大きく盛り上がった社会体育の推進に影響を与えた。

　その後スポーツ振興法が制定されてから40年ほどが経過した2000年にスポーツ振興基本計画が制定された。このスポーツ振興基本計画の制定には翌年の2001年に実施されたサッカーくじの制度の成立がきっかけであったとされている（**表3-2**）。

　そして、スポーツ振興法の制定から50年が経過した2011年にスポーツ基本法が施行された。この50年の間に日本のスポーツを取り巻く状況は大きく変化した。例えば都市化や少子化の影響で身体を鍛える機会の減少とそれに伴う子どもの体力低下、指導者の確保に困難をきたす、総合型地域スポーツクラブの創設、企業スポーツにおける休廃部などである。このような時代の変化に対応するため、スポーツの推進のための法律としてスポーツ基本法が制定された。

【表3-2】　日本のスポーツ振興に関する法律及び計画とオリンピック開催の流れ

1959年	1964年東京オリンピックの開催決定
1961年	スポーツ振興法
1964年	1964年東京オリンピック開催
1998年	スポーツ振興投票の実施等に関する法律
2000年	スポーツ振興基本計画
2001年	サッカーくじ販売開始
2010年	スポーツ立国戦略
2011年	スポーツ基本法
2012年	スポーツ基本計画
2013年	2020年東京オリンピック・パラリンピック競技大会の開催決定
2015年	スポーツ庁が発足
2020年	2020年東京オリンピック・パラリンピック競技大会開催延期
2021年	2020年東京オリンピック・パラリンピック競技大会開催

🚩 3-4　スポーツに関連する組織

◉ 3-4-1　スポーツ庁

　スポーツ庁は2021年に開催された東京オリンピック・パラリンピックの開催決定が
きっかけとなり、文部科学省の外局として設置された行政機関である。スポーツ庁が設置
された経緯としては、スポーツ庁によると「文部科学省，経済産業省，厚生労働省，外務
省等の省庁間の重複を調整して効率化を図るとともに，新たな相乗効果を生み出すもの」
という内容が設置の意義として示されたように、関係する諸官庁の縦割り行政の見直しが
あった。例えば競技場など各種目の施設は国土交通省、障がい者スポーツは厚生労働省（当
時）、外国との交流については外務省が管轄するといった状況であった。そこで効率化の
観点から各省庁のスポーツ施策に関する司令塔の役割を果たすためにスポーツ庁が設置さ
れたのである。

　ただし、スポーツ庁はオリンピック・パラリンピックのための機関ではなく、日本のス
ポーツ行政の総合的な推進も担っているため、文部科学省がこれまで担当してきた地域ス
ポーツの推進、学校体育・武道の振興、国際競技力の向上、スポーツ界のガバナンス強化、
オリパラムーブメントの推進も担当する。そしてスポーツ庁設置後に示された健康増進に
資するスポーツ機会の確保、障がい者スポーツの充実、スポーツによる地域おこしへの支
援、Sport for Tomorrow の実施、産業界との連携によるスポーツ普及と競技力強化も
担当している（**図 3-1**）。

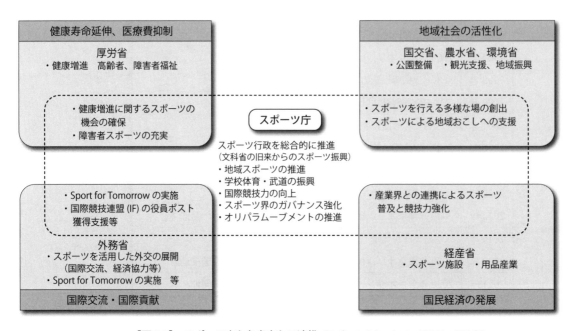

【図 3-1】　スポーツ庁と各省庁との連携（スポーツ庁ホームページより一部改変）

◉ 3-4-2　日本スポーツ協会

　日本スポーツ協会（JSPO）は、日本における中央競技団体や各都道府県の体育協会を統括している組織である。1911 年の創立のきっかけはオリンピック大会への参加であった。創立当初の名称は「大日本体育協会」であり、その後 1948 年に「日本体育協会」に名称変更され、2018 年に現在の名称である「日本スポーツ協会」へと変更された。

　1946 年から現在まで開催されている国民体育大会や 1962 年のスポーツ少年団の創設、1964 年の東京オリンピックの開催など日本のスポーツの発展の中心的な役割を担ってきた。その後、1989 年に日本オリンピック委員会が分離・独立するといった組織変更が行われ、これ以降は国民スポーツの普及・振興、とりわけ生涯スポーツの推進を担っている。

▷ 3-5　スポーツに関わる人々

◉ 3-5-1　アントラージュ

　アントラージュという言葉は、もともとフランス語で取り巻きや環境の意味であり、日本オリンピック委員会によると「マネージャー、代理人、コーチ（教員含む）、トレーナー、医療スタッフ、科学者、競技団体、スポンサー、弁護士、選手の競技専門職を宣伝する個人、合宿施設を整備し、集中的に選手強化を進める法人、家族など選手と関わりを持つすべての人々を指し、なおかつこれらの人に限定されない」と定義されている（**図 3-2**）。

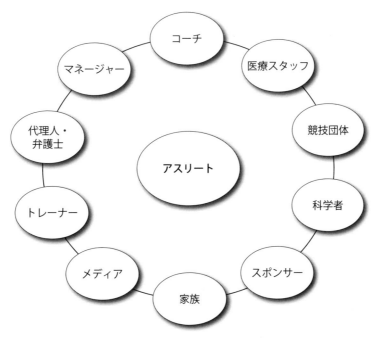

【図 3-2】 アントラージュの一例

アスリートはアントラージュにより大きく影響を受ける。そのためアントラージュには常に最高水準の誠実さが求められる。そのためには以下のような原則を尊重する必要がある。

・利益相反（ある行為により、一方の利益になると同時に他方への不利益となること。例えば中立の立場で仕事を行わなければならない者が、自己や第三者の利益を図り、アスリートの利益を損なう行為）にならないこと
・あらゆる形態の賄賂と戦い、スポーツにおけるあらゆる不正行為や買収と戦う
・あらゆる形態のドーピングと戦う
・競技におけるあらゆる賭博、または賭け行為の宣伝を拒絶する
・あらゆる形態のハラスメントを拒絶する
・（相対的に地位の高い人が）地位を乱用することを防ぐ

（日本オリンピック委員会、2016 より引用）

これらの原則に沿った行動をアントラージュのメンバーがとることにより、アスリートがモラルにかけた行為をしてしまう事態から守ったり、アスリートを正しい身体的及び社会的成長に導いたりすることができるのである。

◉ 3-5-2　プレーヤーズセンタード

プレーヤーズセンタードとは、日本スポーツ協会によると「プレーヤーを取り巻くアントラージュ（プレーヤーを支援する関係者）自身も、それぞれの Well-being（良好な・幸福な状態）をめざしながらプレーヤーをサポートしていく」という考え方を指す。このプレーヤーズセンタードは 2018 年に当時の日本スポーツ協会会長である伊藤雅俊が提唱したもので、現在日本スポーツ協会が推進する概念の一つである。

これまでのスポーツの現場では、指導者が自身の満足やエゴを優先し、体罰などの不適切な行為や指示に頼った命令型の指導、いわゆる「コーチファースト」な指導がみられた。それを正すために「プレーヤーズファースト」の考え方が生まれたのである。そしてこの「プレーヤーズファースト」をより昇華させ、指導者、プレーヤーのみならず関係者全員が良好な状態を目指そうというのがプレーヤーズセンタードの考え方なのである。

◉ 3-5-3　ステークホルダー

ステークホルダーとは、もともと英語の「stakeholder」を由来とする言葉で、意味としては利害関係者のことを指す。スポーツにおけるステークホルダーの例を挙げるとファン、選手、運営スタッフ、対戦相手、スポンサー、自治体、国、メディアなどがある。このほかにもさまざまなステークホルダーが考えられ、この多様性がスポーツにおけるス

テークホルダーの特徴といえる。ただし、スポーツにおけるステークホルダーはその範囲が多岐にわたるため、それぞれのステークホルダーの意見の違いによりトラブルになることやアスリートの活動に悪影響が出ることのないように注意する必要がある。

文献

中澤篤史「スポーツと学校教育——これまでの体育学はどう論じてきたか」『季刊家計経済研究』第103号（2014）

髙橋徹編『スポーツ文化論』株式会社みらい（2022）

山田明編『未来を拓くスポーツ社会学』株式会社みらい（2020）

健康長寿ネット「生涯スポーツとは」 https://www.tyojyu.or.jp/net/kenkou-tyoju/shintai-shumi/sports.html

関春南「『スポーツ振興基本計画』とスポーツクラブの問題」『研究年報2001——スポーツのグローバリゼーションとローカリゼーション』一橋大学（2001）pp. 21-26

文部科学省「スポーツ基本法　関連提言『第四次報告』（教育再生懇談会　平成21年5月）抜粋」 https://www.mext.go.jp/a_menu/sports/kihonhou/attach/1308901.htm

スポーツ庁「スポーツ庁創設の経緯」 https://www.mext.go.jp/sports/b_menu/soshiki2/1373916.htm

日本スポーツ協会「JSPOとは　組織概要」 https://www.japan-sports.or.jp/about/tabid140.html#02

日本オリンピック委員会「選手のアントラージュ（選手を取り巻く関係者）の行動についてのガイドライン」 https://www.joc.or.jp/about/entourage/pdf/entourage_guideline1.pdf

日本オリンピック委員会（2016）「アスリートのアントラージュ（取り巻く関係者）が大切にしたいこと」

日本スポーツ協会「【特別公開】Sport Japan第56号特集『JSPOはなぜ"プレイヤーズセンタード"を提唱するのか』」 https://www.japan-sports.or.jp/Portals/0/data0/coach/event/pdf/SJ56PlayersCentered.pdf

（社）日本体育学会監『最新スポーツ科学事典』平凡社（2006）

運動生理学 1──生化学的基礎

🚩 *4-1*　エネルギー代謝

　われわれヒトを含めた動物は食物を食べ、体内で食物を消化し、吸収して、エネルギー源となる栄養素である糖質、脂質、タンパク質からエネルギーを産生し、そのエネルギーを利用し、生命活動を行っている。生体で行われるエネルギーの獲得とその変化をエネルギー代謝という。

◉ 4-1-1　ATP はさまざまな生命活動のエネルギー源

　アデノシン三リン酸（Adenosine Triphosphate：ATP）はあらゆる生命活動のエネルギー源である。ATP はアデノシンにリン酸が 3 つ結合したものである。2 つ目のリン酸と 3 つ目のリン酸をつなぐ結合は高エネルギー結合と呼ばれ、高いエネルギーをもっていて、かつ切れやすい結合である。この結合が切れるとき、リン酸が ATP からはずれるときにエネルギーを発生する。このエネルギーを使って筋収縮をはじめとしたさまざまな生命活動が行われる（**図 4-1**）。3 つ目のリン酸が切れた後のことをアデノシン二リン酸（Adenosine Diphosphate：ADP）という。

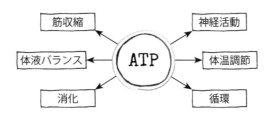

【図 4-1】　ATP と生命活動

　リン酸が切れた ADP は、食物など外からエネルギーを得ることによりリン酸と結合して ATP にもどすことができる。このことを ATP 再合成と呼ぶ（**図 4-2**）。常に ATP を分解し生命活動に必要なエネルギーを得ているが、体内に貯蔵されている ATP はごくわずかである。そのため、ADP を ATP に再合成し続けなければならない。

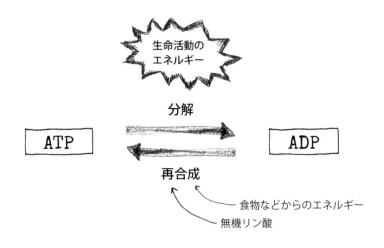

【図 4-2】　ATP の分解と再合成

◉4-1-2　ATP 産出過程

　ATP 合成の源となるのは、主に食事から摂取する糖質、脂質、タンパク質の三大栄養素である。ATP は、その三大栄養素などを①解糖系、②クエン酸回路、③電子伝達系の3つの過程にて産出される。グルコース（単糖）やグルコースがつながった多糖であるグリコーゲンからの ATP 産出過程は、解糖系→クエン酸回路→電子伝達系である。脂質は、グリセロールと脂肪酸に分解され、解糖系やβ酸化の反応によりアセチル CoA となり、クエン酸回路に入り代謝され ATP を産出する。タンパク質は、アミノ酸に分解され、脱アミノ反応によってクエン酸回路の中間基質になったり、ピルビン酸やアセチル CoA などに変換され、最終的にクエン酸回路にて代謝される。

◉4-1-3　解糖系

　グルコースやグリコーゲンをピルビン酸に分解する過程を解糖といい、反応を進める過程で ATP を産出する（**図 4-3**）。1分子のグルコースであれば2分子の ATP が合成され、1分子のグリコーゲンであれば3分子の ATP が解糖系にて生成される。解糖系において重要なことは、酸素が存在しない条件下でも ATP を生成することができる点である。

　ピルビン酸の大部分はクエン酸回路→電子伝達系にて代謝され、多くの ATP が生成される。ピルビン酸の一部は乳酸デヒドロゲナーゼの活性化によって、乳酸に変換される。

この乳酸の産生量は解糖系の反応速度とミトコンドリアにおけるピルビン酸処理速度によって変化する。急速に増殖するがん細胞では、クエン酸回路が間に合わないほど解糖がさかんに起こって、代謝できないぐらい大量のピルビン酸が産出される結果、乳酸が過剰に生成される。

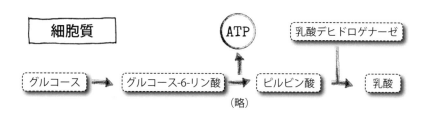

【図 4-3】　解糖系

◉ 4-1-4　クエン酸回路

　糖質、脂質、タンパク質の代謝産物は、ミトコンドリア内に存在するクエン酸回路にて代謝される（**図 4-4**）。クエン酸回路の主な機能は、アセチル CoA を二酸化炭素と水素へ分解することである。

　解糖系などで生成されたピルビン酸は、酵素の働きにより水素が奪われ、二酸化炭素が放出されてアセチル CoA に変化する。この過程で生じた水素は補酵素 NAD に渡され、電子伝達系で ATP 合成に使用される。アセチル CoA がオキサロ酢酸と結合し、クエン酸が生成され代謝されて、再びオキサロ酢酸が生成される、この代謝が繰り返されるので、回路と呼ぶ。その回路を 1 巡する際にも多くの水素が生成され、補酵素 NAD や FAD に

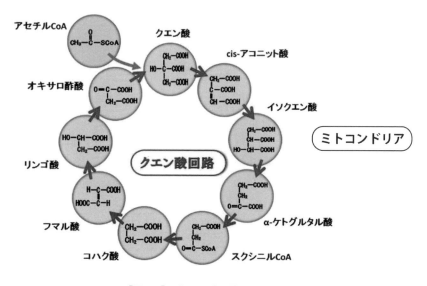

【図 4-4】　クエン酸回路

渡され、電子伝達系にて利用される。また、水溶性ビタミン B 群はクエン酸回路で重要な役割を果たしていて、特にビタミン B1、B2、パントテン酸そして、ナイアシンが補酵素として働いている。

◉ 4-1-5　電子伝達系

電子伝達系は、ミトコンドリア内膜に存在する各種の酵素やシトクロム類によって、解糖系やクエン酸回路で産出された水素原子から電子を取り除いて受け渡しながら、最終的に酸素と結合し、あらかじめ生成されている水素イオン（H^+）と水を生じる過程である。その過程の中で ATP 合成酵素の働きにより、ADP から多くの ATP を産出する。この電子伝達系による ATP 合成のことを酸化的リン酸化という（図 4-5）。

ATP 供給速度は緩やかであるが、ATP 合成量は非常に多く、加えて糖質だけでなく脂質やタンパク質もエネルギー源となるため、持続的な ATP 供給が可能となる。

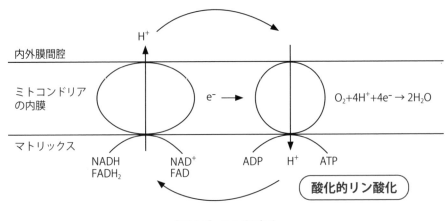

【図 4-5】　電子伝達系

▷ 4-2　運動とエネルギー代謝

われわれは生命を維持するために必要なエネルギーを食物から摂取する。また、必要なエネルギー量は体格や活動量などによって異なる。食物の摂取によって得られるエネルギー量をエネルギー摂取量、生命維持のためのエネルギー量と活動などによって消費されるエネルギー量の総和をエネルギー消費量という。運動時には、エネルギー代謝は亢進し、エネルギー消費量は増加する。例えば、激しい運動中、全身のエネルギー消費量は、安静状態の 15 ～ 25 倍に増大する。

◉ 4-2-1　運動時の ATP 供給系

運動時に最もエネルギーを消費する器官は、骨格筋である。ただし、骨格筋内に貯蔵されている ATP 含有量は少なく、高強度運動では数秒しか継続できない。そこで、運動を

継続するためには、骨格筋の中でATPを供給し続ける必要がある。骨格筋でのATPの供給は次の3つの過程によって行われている。

（1）ATP-CP系

骨格筋内にはATP以外にクレアチンリン酸（creatine phosphate: CP）と呼ばれる高エネルギーリン酸化合物を貯蔵している。CPがクレアチンとリン酸に分解される際に発生するエネルギーを利用し、分解の際に生じたリン酸をADPに結合させ、ただちにATPを再合成できる。したがって、ATP-CP系は、3つの過程の中で最も短い時間でATPを供給できる。しかし、CPの貯蔵量にも限りがあるため、ATPの合成はすぐに終了してしまう。

ATP-CP系は次に示す解糖系とともに酸素を必要とせずにATPを供給できるため、無酸素系に分類される。この過程は、糖質や脂質などの栄養素を必要としない。

（2）解糖系

解糖系では、糖を分解する過程で一部が乳酸に代謝される。ATP供給速度はATP-CP系より劣るが、ATP供給時間は長くなる。低強度の運動時では、乳酸の生成量はわずかである。しかし、高強度の運動時では、乳酸が大量に生成される。前で示したATP-CP系と解糖系は細胞質でその反応が起きる。

（3）有酸素系

クエン酸回路とそれに続く電子伝達系は酸素を用いてATPを産出するため有酸素系と呼ばれている。有酸素系でのATP供給速度は3つの系の中では最も遅いが、長時間継続して遂行する低強度の運動時の主要なATP供給系となる。有酸素系はミトコンドリアでその反応が起きる。

◉ 4-2-2　運動の強度、継続時間とATP供給系

運動の強度と継続時間は分けて考えられるものではなく、強度の高い運動は継続できる時間は短く、逆に運動強度の低い運動では継続できる時間は長いという関係にある。高強度の運動時には、瞬時に多くのATPが必要となるため、有酸素系によるATP合成のみでは間に合わない。したがって、ATP供給速度が速いATP-CP系や解糖系が主なATP供給系となる（表4-1）。しかし、それぞれのATP供給系が単独で、ある運動の全エネルギーを供給することはない。例えば、全力疾走の場合、ATP供給速度が速いATP-CP系が主なATP供給系となるが、このような運動であっても解糖系や有酸素系によって合成されたATPも利用している。つまり、どのようなタイプの運動でも、全てのATP供給機構が異なる比率で運動に伴うエネルギー需要に寄与している。

◉ 4-2-3　エネルギー消費

（1）基礎代謝

基礎代謝とは、身体的・精神的な影響が全くない状態でのエネルギー代謝量であり、心

	ATP-CP 系	解糖系	有酸素系
酸素	不要	不要	必要
エネルギー源	CP	糖質	糖質、脂質、タンパク質
ATP 供給速度	非常に速い	速い	遅い

【表 4-1】　ATP 供給系の特性

臓、呼吸、腎臓などの働きと、体温や筋緊張の維持など生命維持だけに必要なエネルギーである。ヒトの基礎代謝は、体格、年齢、性別（ホルモンの影響）、体温の上昇、栄養状態の良し悪し、気候及び妊娠などによって異なってくる。

（2）安静時代謝

安静時代謝とは、仰臥位あるいは座位で、安静（静かに休息）にしている状態で消費されるエネルギーのことである。通常、安静時代謝量は基礎代謝のおよそ 10 ～ 20% 増しとされ、安静時エネルギー消費量と表現されることもある。

（3）睡眠時代謝

睡眠時代謝とは、心拍数が低く、骨格筋が弛緩しており、身体の動きが少ない睡眠をとっている状態で消費されるエネルギーのことである。睡眠時代謝量は基礎代謝量と同じである。

（4）特異動的作用

特異動的作用は、食物を食べることによってエネルギー代謝が亢進することをいい、食事誘発性熱産生ともいう。食後は一時的にエネルギー消費量が増加する。

（5）活動時代謝量

仕事・通学や通勤のための歩行・家事・身支度、スポーツなど日常生活におけるさまざまな身体活動や姿勢の保持によって亢進するエネルギー代謝を活動時代謝量という。活動時代謝量は、身体活動量により消費するエネルギー量に違いが出るため、個人差は大きい。活動時代謝量を算出する際には、身体活動強度を利用している場合が多く、身体活動強度の指標には、エネルギー代謝率、メッツ、身体活動レベルなどがある。

① エネルギー代謝率：エネルギー代謝率は種々の身体活動やスポーツの身体活動強度を示すものであり、活動に必要としたエネルギー量が基礎代謝量の何倍にあたるかによって活動強度の指標としている。エネルギー代謝率は、体格・性別・年齢が考慮されている基礎代謝量を基準としていることから、体格・性別・年齢に関係なく、身体活動強度として利用することができる。

② メッツ：メッツは、さまざまな身体活動時のエネルギー消費量が安静時エネルギー消費量の何倍にあたるかを数値化したものである。最近では、運動処方の場合に利用されることが多くなり、厚生労働省が策定した「健康づくりのための身体活動指針2013」では、メッツを身体活動強度として示している。

　　　メッツ＝身体活動時のエネルギー消費量÷安静時エネルギー消費量

　椅子に座って安静にした状態を 1 メッツとし、歩行は 3 メッツ、軽いジョギングは 6 メッツとなる（図 4-6）。つまり、歩行は安静時の 3 倍の運動強度、軽いジョギングは安静時の 6 倍の運動強度であることを示している。このメッツがわかると、運動によって消費されたエネルギー量を比較的簡単に算出することができる。

　　　運動時エネルギー消費量（kcal）＝ 1.05 ×メッツ×時間（h）×体重（kg）

　例えば、体重 60kg のヒトが歩行運動を 1 時間行った場合、

　　　1.05 × 4 × 1 × 60（kg）=252 kcal

③ 身体活動レベル：身体活動レベルとは、総エネルギー消費量を基礎代謝量で除して求めた身体活動量の指標と定義される。

運動・身体活動量の目安

メッツ	自覚的強さ	体の活動・運動状態の目安		1 時間の運動量（× 1 時間）	1 エクササイズに要する時間 60 分÷エクササイズ数
1 メッツ		座る（座位安静）		1 エクササイズ	60 分
2 メッツ		立つ（立位安静）		2 エクササイズ	30 分
3 メッツ	楽	歩く（普通歩行）		3 エクササイズ	20 分
4 メッツ	やや楽	やや速歩	自転車	4 エクササイズ	15 分
5 メッツ	ややきつめ	かなり速歩		5 エクササイズ	12 分
6 メッツ	ややきつい	ジョギング	↑	6 エクササイズ	10 分
7 メッツ	きつい		筋トレ	7 エクササイズ	8 分 34 秒
8 メッツ	非常にきつい	階段上り	↓	8 エクササイズ	7 分 30 秒

◎運動・身体活動の消費エネルギー（kcal）の算出方法

消費エネルギー（kcal）＝【　】メッツ×実施時間（時間）×体重（kg）× 1.05

【図 4-6】　メッツ

● 4-2-4　エネルギー消費量の計測

　個人の安静時または身体活動時のエネルギー消費量を計測することは、さまざまなことに役立てられる。例えば直接活用できる例として、運動による減量プログラムが挙げられる。

（1）直接的測定法

　直接法とは、外気と熱の交流を遮断した密閉室（代謝チャンバー）の中にヒトが入り、身体から発散する熱量を室内に循環する水に吸収させて、その温度の上昇から発散した熱量を測定する方法である。このチャンバーは、睡眠、食事、軽い運動など、被験者が自由に動き普通の日常生活ができるほどの大きさを持ち、24 時間以上にわたってエネルギー消費量を正確に測定することができる。

（2）間接的測定法

　間接法は、一定時間内に消費した酸素（O_2）量と発生した二酸化炭素（CO_2）量で算出する。比較的短時間な運動や安静時の測定には、ダグラスバッグ法やブレス–バイ–ブレス法が用いられることが多い。また、比較的長時間の場合には、ヒューマンカロリメーターというエネルギー消費量を測定するための部屋に滞在し、部屋の中の二酸化炭素（CO_2）と酸素（O_2）の濃度変化により算出する方法が普及してきている。間接法は、直接法と比べて簡便に実施できるうえに、エネルギー基質の評価が可能である。現在、エネルギー消費量の計測に最も汎用されている。

（3）加速度計法

　加速度計法は、歩数あるいは加速度の大きさがエネルギー消費量と正の相関があることを利用して、身体の動き（加速度）を感知する装置を身につけ、そのデータを基に身体活動量の測定やエネルギー消費量の推定を行うものである。加速度計法は、装置を装着するだけで測定できることから被験者への負担は少なく、身体活動量だけではなく、運動強度の測定も可能である。

▷ 4-3　糖質・脂質・タンパク質

　われわれは食事により栄養素を体内に取り入れて、代謝することで生命を維持している。特に、糖質、脂質、タンパク質は栄養素として重要である。

◉ 4-3-1　糖質

　糖質は、単糖類（グルコース、フルクトースなど）、二糖類（スクロース、ラクトースなど）、多糖類（デンプン、グリコーゲンなど）に分類される。生体内において糖質は、グリコーゲンとして筋肉や肝臓に貯蔵される。また、全身の細胞に糖質を運ぶため、グルコースという形で血中を循環し、この血液中のグルコース濃度のことを血糖値という。食事などで血糖値が上昇した際には、グルコースはインスリンの働きにより主に肝臓、筋肉に取り込まれ、血糖値は低下する。一方、空腹時には、アドレナリン、グルカゴン、コルチゾールなどの働きにより肝臓グリコーゲンが分解され、グルコースが血中に放出されて血糖値が維持される。生体における栄養素1gあたりの利用エネルギーをアトウォーター（Atwater）係数といい、糖質は1gあたり約4kcalに相当するエネルギーである。

　糖質の最も重要な機能はエネルギー源である。ヒトが運動をして筋肉を動かすとき、筋肉のグリコーゲンや血中のグルコースがエネルギー源として利用される。特に脳などの中枢神経系は糖質が唯一のエネルギー源になる。糖質は食事あるいは飲料などから摂取し、筋肉や肝臓にグリコーゲンとして貯蓄することが可能である。とりわけ試合や練習の3日ほど前から糖質摂取量を増やして体内の糖質蓄積量を増やすことをカーボローディングと呼び、試合前のコンディショニングの1つとされている。

◉ 4-3-2　脂質

脂質には、単純脂質（中性脂肪など）と複合脂質（リン脂質、糖脂質など）がある。エネルギー源として使用されるのは中性脂肪でグリセロールと脂肪酸で構成される。中性脂肪は 1g あたり約 9kcal のエネルギーに相当し、エネルギー源として非常に優れている。食事によって摂取した中性脂肪は、グリセロールと脂肪酸に分解されて吸収される。吸収された脂肪は、皮下脂肪、内臓脂肪、骨格筋などで再び中性脂肪の形で蓄積される。リポタンパクリパーゼやホルモン感受性リパーゼが活性化されると中性脂肪はグリセロールと遊離脂肪酸（free fatty acid: FFA）に分解され、この FFA は骨格筋などで代謝され ATP 産出の直接的なエネルギー源として供給される。

◉ 4-3-3　タンパク質

タンパク質は、20 種類のアミノ酸がつながってできている。20 種類のアミノ酸のうち、9 種類が必須アミノ酸、11 種類が非必須アミノ酸である。必須アミノ酸はヒトの体内では合成できないため、食物から摂取しなければならない。タンパク質は 1g あたり約 4kcal のエネルギーに相当し、飢餓などの低栄養状態や長時間の運動時などの際には、タンパク質の分解により生じたアミノ酸自身が ATP 産生のためのエネルギー源として利用される。タンパク質の役割はさまざまあるが、特に運動生理学において重要なのは筋、骨、軟骨、靭帯、腱といった運動にかかわる組織の骨格構造をつくることである。

▷ 4-4　運動と糖質・脂質・タンパク質代謝

運動を継続して行うためには、糖質や脂質を分解して ATP を産出して活動筋に供給しなければならない。タンパク質も、筋肉量の維持や増加、体力づくりに働くだけではなく、分解されるとエネルギー源としても利用される。

◉ 4-4-1　運動と糖質代謝

運動時には交感神経活動亢進やホルモン分泌の変化などにより、肝臓におけるグリコーゲン分解が亢進し、血中へのグルコースの放出が増加する。骨格筋では、筋グリコーゲンの分解とともに、糖輸送体が血中のグルコースを取り込み、ATP の産出に利用している。この運動による筋での糖取り込みの亢進は運動後数時間持続する。運動初期には、筋グリコーゲンが主要な糖質源であるが、運動が長時間になると脂肪組織から供給される FFA や肝グリコーゲン由来のグルコースが使われるようになる。糖質の利用は運動強度が高まるにつれて増し、最大強度では糖質のみがエネルギー源となる。

◉ 4-4-2　運動と脂質代謝

運動に利用される脂質は骨格筋内の中性脂肪や脂肪組織から放出される FFA である。運動時は主に糖質と脂質がエネルギー源として利用されるが、この糖質と脂質の利用率は

運動強度によって異なり、呼吸商（respiratory quotient: RQ）から推定することができる。RQ は、生体内で栄養素が燃焼したときに消費した酸素（O_2）量に対する発生した二酸化炭素（CO_2）量の体積比をいう。糖質が 1.0、脂質が 0.7、タンパク質が 0.8 である。RQ は、生体内でどの栄養素が酸化されてエネルギー源となっているかを表す指標となる。低強度の運動時は、脂質代謝に依存しており、強度の高まりとともに糖質の利用率が上昇する。また、同一強度の運動時でも、運動の継続時間によって利用率は変化し、長時間になるほど脂質代謝の寄与率が大きくなる。

◉ 4-4-3　運動とタンパク質・アミノ酸代謝

運動時には、タンパク質の分解が亢進し、運動後には合成が亢進する。運動時におけるエネルギー源としての筋タンパク由来のアミノ酸利用は、運動の強度や継続時間、生体内のグリコーゲン貯蔵量などによって異なる。特に生体内のグリコーゲン貯蔵量が少ない条件下では、タンパク質及びアミノ酸分解が促進する。筋肉においては 20 種類すべてのアミノ酸が酸化されるわけではなく、分岐鎖アミノ酸（branched-chain amino acid: BCAA）、そしてアラニン、グルタミン酸、アスパラギン酸である。

文献

小山勝弘・安藤大輔編『運動生理学——生理学の基礎から疾病予防まで』三共出版（2020）
中里浩一・岡本孝信・須永美歌子『1 から学ぶスポーツ生理学【第 2 版】』ナップ（2018）
上田伸男・岸恭一・塚原丘美『運動と栄養　健康づくりのための実践指導』講談社（2013）
前野正夫・磯川桂太郎『はじめの一歩のイラスト生化学・分子生物学』羊土社（2002）
勝田茂・征矢英昭『運動生理学 20 講（第 4 版）』朝倉書店（2016）

運動生理学2──生理学的基礎

⚑ 5-1 運動と運動器：筋肉・神経・骨

運動器は、動物の生命維持に必要不可欠な活動である運動を担う骨、筋肉、関節、神経などの器官の総称である。ここでは、運動に関与する筋肉・神経・骨についてとりあげる。

◉ 5-1-1 筋肉の種類と機能

筋肉は、縞模様がある横紋筋と縞模様がない平滑筋に区別される。横紋筋はさらに骨格筋と心筋に区別される。骨格筋は意識的にその力発揮を調節することができる随意筋で、運動を起こす、姿勢を保つ、関節を安定させるなどの働きがある。心臓は全身に血液を送り出すためにポンプのような動きをするが、その動きの力を発揮する筋を心筋という。胃や腸などの内臓、血管、気管などは太くなったり細くなったりする。その動きの力を発揮する筋を平滑筋という。心臓の拍動は心筋がその力を発揮しているので、心筋の力の発揮を意識的に調節することは難しい。同様に通常、血管や胃、腸などを意識的に動かすことは困難である。このように無意識でその力の発揮が調節されている筋を不随意筋という。心筋と平滑筋は不随意筋である。

筋肉は人体の運動、姿勢保持に重要であり、特有の機能としては収縮（ちぢむこと）ないし短縮（ちぢまって短くなること）である。そして、骨格、関節を動かし身体全体の運動を起こす。

◉ 5-1-2 筋肉の構造と線維タイプ

骨格筋は、ある一定の方向性をもった線維が束ねられたような構造をしている。この線維のことを筋線維と呼ぶ。筋線維は他の細胞と同じように細胞膜（筋外膜という）で囲ま

れている。筋線維はその大部分が筋原線維と呼ばれる線維の束である。筋原線維はサルコ
メア（筋節）と呼ばれる基本単位の繰り返し構造をしていて、2種類の線維が互い違いに
なってできている。2種類の線維のうち黒く見える構造（A帯）に相当する部分に存在す
る線維はミオシン（太いフィラメント）と呼ばれる。ミオシンを挟むように存在している
線維はアクチン（細いフィラメント）と呼ばれる。アクチンはZ帯と呼ばれる構造につ
ながっていて、2つのZ帯に挟まれた部分がサルコメアに相当する。骨格筋はこのサル
コメアの繰り返し構造でできている（**図5-1**）。

【図5-1】　骨格筋の構造

　筋線維は機能的及び代謝特性の違いから大きく2種類、赤筋と白筋に分類される
（**表5-1**）。赤筋は遅筋とも呼ばれ、その名の通り収縮速度は遅いが、持久性の高い線維で
ある。これは、ミオグロビンと呼ばれる酸素を結合するタンパク質が豊富に含まれている
ためである。一方、白筋は速筋とも呼ばれ、収縮速度が速く、瞬発力が高い（持久性が低
い）線維である。また、解糖系が発達し、それに加えてCPを用いたATP合成（ATP-CP
系）が行われている。

【表 5-1】　筋肉の線維タイプ

分類	赤筋（遅筋）	白筋（速筋）
形態的特徴	筋線維の太さは中間	筋線維の太さは太い
機能的特徴	収縮速度は遅い	収縮速度は速い
	疲労が起こりにくい	疲労しやすく、持続力に乏しい

◉ 5-1-3　筋収縮の仕組みと収縮様式

　筋線維には横行小管（T 管）と筋小胞体があり、両者はともに「収縮せよ」という運動神経の入力を筋線維に伝達するために重要である。T 管は、神経からの収縮命令を筋小胞体に伝える役割をしている。筋小胞体の中にはカルシウムイオン（Ca^{2+}）が含まれており、T 管からの信号によって Ca^{2+} を筋線維内に放出する。つまり、運動神経からの収縮命令を筋線維内の Ca^{2+} 濃度の上昇という形に変換する。

　骨格筋が収縮するためには、アクチンとミオシン頭部の結合が必須であるが、収縮していない状態ではトロポニンが間にあり、両者は結合していない。しかし、筋小胞体から放出された Ca^{2+} がトロポニンに結合してアクチンフィラメントの構造が変化すると、アクチンとミオシンの頭部が結合してクロスブリッジを形成できるようになる。クロスブリッジの形成後、ミオシン頭部の ATPase によって、ATP が分解される。その際に得られるエネルギーを利用して、ミオシン頭部が首ふり運動を起こし、アクチン分子を移動させる。ミオシンフィラメントの隙間に、両側のアクチンフィラメントが滑り込むことになる（滑走説）ため、サルコメアの短縮が起こる。運動神経による収縮命令が止むと、Ca^{2+} はトロポニンからはずれて筋小胞体に取り込まれ、筋は弛緩する（**図 5-2**）。

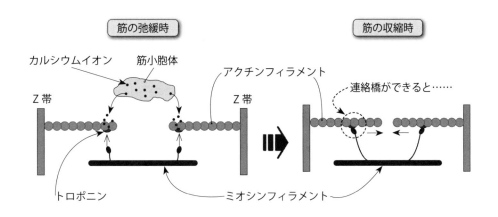

【図 5-2】　骨格筋収縮の仕組み

　　筋肉の収縮様式には、①物を持ち上げるときなどの収縮であり、筋は一定の力を発生しながら、筋の長さが短くなる短縮性収縮、②筋の長さが長くなる伸張性収縮、③動かない壁を押したり、力こぶをつくったりするときなどの収縮であり、筋は短縮せずに長さが一定のまま力のみ発生する、等尺性収縮がある。

◉ 5-1-4　運動と筋肉

　　骨格筋は運動時に損傷を受けると、その後、筋肥大などを起こして適応する。骨格筋の太さは筋線維の横断面積とその数で規定されるため、筋肥大は筋線維の肥大と筋線維数の増加の２つで説明される。現在のところ筋肥大の貢献度としては、筋線維の肥大が大きいと考えられている。筋力トレーニングによる筋力増大には２つの因子が関係している。１つは筋線維肥大で、運動による**機械的刺激**を介して、成長因子、神経系因子などの分泌が促され、筋線維のタンパク質量が増大する。この現象はトレーニングの後期、長期的な適応として出てくる筋肉の形態学的変化である。もう１つは神経性の適応で、運動神経の命令に対して収縮する筋線維数の増大が最大筋力（１回で持ち上げることのできる最大重量）を大きくさせる。また、筋肥大の過程において速筋線維は遅筋線維より肥大しやすい傾向にある。

◉ 5-1-5　中枢神経と末梢神経

　　神経は中枢神経と末梢神経に分けられる。中枢神経は脳と脊髄のことをいい、情報を統合・処理する場所である。脳ではさまざまな外的情報を処理し、身体の動きなど、さまざまな命令を下すといった複雑な情報処理を行う。脊髄では、熱いものを触ると手を引っ込めるといったような反射運動を司る。末梢神経は中枢神経とさまざまな臓器組織を結びつける神経である。中枢神経で出された命令や情報を伝えたい臓器組織へ伝える役目と、外界などからの刺激を感知しその情報を中枢に伝える役目を果たす。さらに末梢神経は体性神経と自律神経に分けられる。

　　体性神経は運動神経と感覚神経に分けられ、主に意識的な動きの命令や感覚の情報を伝達する。運動神経は中枢神経の命令を骨格筋に伝えて、骨格筋を動かすための情報を伝える遠心性の神経である。感覚神経は感覚器で感じた外界の変化を脳に伝える求心性の神経である。自律神経は交感神経（興奮性の命令）と副交感神経（抑制性の命令）に分けられ、心臓の拍動や内臓の働きを意志とは無関係に働く神経である。

◉ 5-1-6　中枢神経

（1）脳

　　脳は、思った方向にボールを投げるといったような随意運動を司る重要な中枢神経である。脳は大脳、間脳、小脳、脳幹に分けられる。大脳のなかで大脳皮質と呼ばれる大脳表面部分で随意運動の企画・命令を行っている。大脳皮質は部位によって役割が分担されて

いて、前運動野は視覚情報などのさまざまな情報を受けて随意運動を立案し、その後、運動野でその動きに見合った運動パターンを行うような命令を出すと考えられている。脳幹は、延髄、橋、中脳から構成されていて、心臓・血管系、呼吸器系や消化器系の働きなどを調節し、生命を維持するうえで不可欠である。また、脳幹とその背側にある小脳は運動の制御・調節や記憶において重要な役割を果たすと考えられている。

（2）脊髄

脊髄には灰白質と呼ばれる神経細胞などが多く含まれた領域があり、脳からの指令は灰白質の前角にある遠心性の運動神経によって末梢へ伝えられる。また、知覚は求心性の感覚神経によって灰白質の後角から伝わり、脳に送られる。さらに、熱いものに手を触れたときに、素早く手を引っ込める脊髄反射という脳を経由しない反応がある。また、脚気の兆候があるか調べるときに行う膝蓋腱反射も脊髄反射の一種である。

（3）ニューロンとシナプス（**図 5-3**）

神経系の最小単位は神経細胞（ニューロン）である。脳の中ではニューロン同士は互いに連絡を取り合い複雑なネットワークを形成している。ニューロンは樹状突起と軸索という特殊な構造を持っており、樹状突起はネットワークを形成しているニューロンからの情報を受け取り、軸索は樹状突起が受け取った情報を別のネットワークを形成しているニューロンへ伝達する役割を担っている。

軸索の末端部分（神経終末）は少し膨らんで、別のニューロンの樹状突起などに接合するシナプスを形成している。活動電位（ニューロンで発生する電気信号）が神経終末に達すると、神経伝達物質（ニューロンの軸索末端からシナプスに向けて放出される物質）がシナプス間隙（2つのニューロンの間の隙間）に放出され、これにより次のニューロンへ興奮が伝達される。

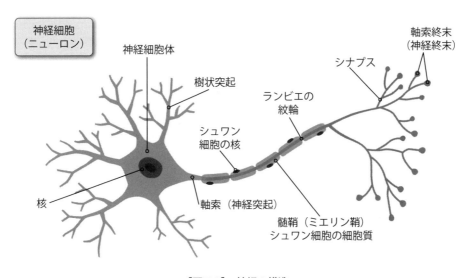

【図 5-3】　神経の構造

（4）運動指令の伝わり方

筋肉を支配している α 運動ニューロン（脊髄から出て骨格筋につながっている運動線維）の軸索は多く枝分かれして、終板という形でいくつかの筋線維の表面に接している。α 運動ニューロンの電気的興奮は神経終末でのアセチルコリン（興奮性伝達物質）の放出を引き起こし、細胞膜の興奮が筋小胞体からの $Ca2^+$ 放出を促す。

1つの α 運動ニューロンとそれが支配している筋線維を運動単位と呼び、運動単位内の筋線維は同時に収縮・弛緩する。また、α 運動ニューロンが支配する筋線維の本数を神経支配比といい、手先や眼球など微妙な動きが要求される筋肉は神経支配比が小さく、大腿、下肢や背中の筋肉の神経支配比は大きい。

◉ 5-1-7　運動と神経

（1）運動単位と運動強度

運動強度によって動員される運動単位数は変動する。運動強度が上昇して筋出力を増大させる必要がある場合には、運動単位の参加数を増やす。逆に運動強度が低い場合は、運動単位の参加数は少ない。このように、運動強度の変化に対して、運動単位の動員数を変化させることで、筋出力を調整している。

（2）サイズの原理

力が発揮されると、まず小型の α 運動ニューロンが活動し、負荷が増大するに伴い、中間の大きさの α 運動ニューロンが活動し、最終的に大型の α 運動ニューロンが活動する。このようにサイズの小さなものから順に活動していく関係をサイズの原理と呼ぶ。

（3）神経支配比の変化

神経支配比は外部からの刺激や環境に応じて変動し、骨格筋では神経支配比が大きくなれば、同調的に筋力を発揮できるため最大筋力は増大する。筋力トレーニングによっても神経支配比を大きくすることが可能であると考えられている。

（4）固有受容器

われわれは物を掴むときに軽く掴んだり、強く掴んだりするなど微妙な力加減をすることができる。このように掛かっている力などを感じるセンサーのことを固有受容器と呼ぶ。骨格筋の中には、骨格筋に掛かる張力を感じるセンサーがあり、これを筋紡錘という。筋紡錘は骨格筋の中にあって張力を感じることで、筋の長さが伸びたり、たるんだりしないように調節している。腱（骨格筋と骨をつなぐ組織）の中にも腱に掛かる力を感じるセンサーがあり、これを腱紡錘（ゴルジ腱器官）と呼ぶ。

◉ 5-1-8　骨

骨には、① 支持組織として体重や荷重を支える、② 脳や内臓諸器官を外部の衝撃から保護する、③ 骨髄で血球を作る（造血）、④ 血液中のカルシウム濃度が低下したときには、骨内に貯蔵するカルシウムを溶出して血中濃度を上昇させる、といった4つの働きがある。

骨は骨基質と呼ばれ、コラーゲンが大部分〔...〕〔...〕ルと呼
ばれ、カルシウムとリンが主成分である無機〔...〕

◉ 5-1-9　骨代謝

　骨組織には、破骨細胞、骨芽細胞、骨細胞が存〔...〕
やタンパク質分解酵素を分泌し、古い骨を溶かして〔...〕
組織の表面にシート状に分布し、破骨細胞が骨を破壊し〔...〕
形成）。骨細胞は、ミネラルの輸送や破骨・骨芽細胞の機〔...〕
に破骨細胞による骨吸収と骨芽細胞による骨形成が行われ、〔...〕
れを骨代謝と呼ぶ。

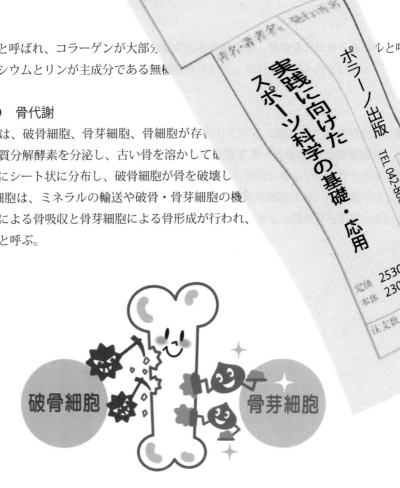

【図 5-4】　破骨細胞と骨芽細胞

◉ 5-1-10　骨量の加齢変化・骨粗鬆症

　骨量（無機成分の量）は 10 代の成長期に骨形成が骨吸収を上回るため急増し、20 歳
頃に最大骨量に達する。男女とも 40 歳代まで骨形成と骨吸収のバランスが保たれるため、
骨量は維持される。それ以降、骨量は男性では加齢とともに緩やかに減少するのに対し、
女性では 50 歳頃、閉経に伴い女性ホルモンであるエストロゲンが低下すると骨吸収が亢
進し、骨量は急速に減少する。一定の値まで減少すると骨粗鬆症と診断される（図 5-5）。
　骨粗鬆症は骨強度の低下を特徴とし、骨折のリスクが増大しやすくなる骨格疾患と定義
されている。骨強度は骨密度（骨の単位面積あたりの骨量）と骨質（骨の構造や代謝など
から求められる）の 2 つの要因からなり、骨強度の 7 割は骨密度によって規定されている。
骨粗鬆症になる人の割合は年齢が高くなるほど上がり、50 歳以上の女性の 3 人に 1 人が
かかっている。

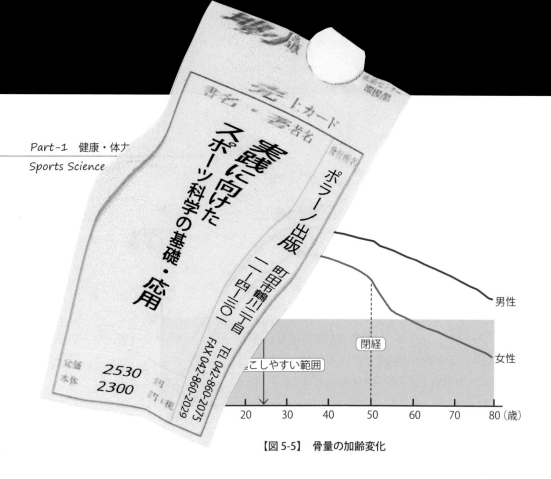

【図 5-5】 骨量の加齢変化

◉ 5-1-11 骨量減少の危険因子

（1）コントロールできない因子

① 加齢・性別：加齢に伴い骨芽細胞の働きが弱くなり、骨形成が低下する。女性は男性よりも体格が小さく骨の絶対量が少ないうえに、閉経に伴う骨量減少が加わる。

② 遺伝的因子：骨密度の遺伝による影響は 70% 程度と考えられている。骨粗鬆症の家族歴がある人は、ない人よりも骨密度が低い。

③ 身体的因子：女性の場合、初経発来が遅い人は最大骨量が低く、早期閉経した人は骨密度が低い。

（2）コントロール可能な因子

① 低体重：骨に体重による力学的負荷が常に加わると、負荷を支えるために骨の量は増加する。逆に、痩せている人では日常的に受ける負荷が小さいために骨密度が低値である。

② 運動不足・身体活動の低下：体重を支えることと同様に、運動や身体活動によって、荷重や衝撃荷重などの力学的負荷が加わると骨密度は増加する。逆に、これらの力学的負荷の低下は骨密度の低下を引き起こす。

③ 栄養不足：カルシウム摂取量と骨密度との間には正の相関があり、骨密度の維持・増加に重要な栄養素であると考えられる。

④ 喫煙・飲酒：喫煙している人や多量にお酒を飲む人は骨密度が低い。その要因として、腸管でのカルシウム吸収の低下が考えられている。

⑤ 薬剤：慢性関節リウマチ、喘息、アレルギー性疾患などの治療薬である副腎皮質ステロイドには、骨密度を低下させる副作用がある。

⑥ 日光にあたらない：日焼けをする必要はなく、20 分間ほど帽子をかぶって外出する程度で十分である。

◉ 5-1-12　運動と骨

　運動選手の骨密度は、運動習慣のない人よりも高いことが知られている。さらに、テニス選手の利き腕の骨塩量及び骨密度は、非利き腕よりも高いことから、運動の効果は全身の骨で均一に現れるものではなく、負荷が加わった部位の骨密度が高くなる「部位特異性」がある。このような骨に対する運動の効果で特に影響するのが、力学的負荷による骨形成亢進と骨吸収抑制である。骨に荷重などの力学的負荷が加わると、その負荷に適応するために骨の量は増加し、構造も強化される（Wolff の法則）。

　運動選手の高い骨密度は、長期間のトレーニングの継続によって獲得されたものであり、骨の慢性適応を示している。骨密度の増加には、骨に対して瞬間的に大きな衝撃荷重などの大きな力学的負荷が加わる運動が有効である。例えば、ウエイトリフティング、柔道、バレーボール、バスケットボール、サッカー、野球などである。一方、水泳選手の骨密度は、運動を行っていない人と同じレベルである。水中では重力が減少し、骨に加わる力学的負荷が減るため、水泳の骨密度に対する効果は軽微である。また、女子運動選手は激しい運動を行いながら、減量のために食事制限を行うと、月経異常が生じ、骨密度が低下する。

▷ 5-2　運動と呼吸・循環

　われわれは常にエネルギーの生成と消費を繰り返しており、そのために大気中から必要な酸素を生体内へ取り込み、代謝の結果生じた二酸化炭素を体外に排出している。そして、生体内に取り込まれた酸素は、心臓からそれぞれの臓器（脳、内臓、筋肉など）に送られる。心臓と酸素を運搬する血管をあわせて、循環という。

◉ 5-2-1　呼吸の役割

　われわれは、生命活動の維持に必要なエネルギー産生（ATP 再合成）のため、常に体外から酸素を取り込み、その過程で生成される二酸化炭素を体外へ排出している。この酸素の取り込みと二酸化炭素の排出、すなわちガス交換が主な役割である。生理学的に呼吸は大きく 2 つに分けられ、肺と血液の間で行われる外呼吸（肺呼吸）と、血液と体組織（細胞）の間で行われるガス交換である内呼吸（組織呼吸）とがある。一般的に呼吸というと外呼吸を指すことが多い。

◉ 5-2-2　呼吸運動

　呼吸器は口及び鼻から酸素を取り込み、二酸化炭素を排出する器官である。呼吸器は鼻腔、咽頭、喉頭（ここまでを上気道という）、気管、気管支（2 つをあわせて下気道という）、肺からなる。実際にガス交換が行われるのは肺の中の細気管支から枝分かれしたブドウの房のような形をした肺胞と呼ばれる部分である（図 5-6）。

　肺はガス交換をするためにそれ自体が能動的に拡張・収縮するわけではなく、肋間筋や横隔膜などの呼吸筋の働きによって胸郭の容量を変えて受動的に拡張・収縮し、肺胞への

空気の出入を可能にしている。主に肋間筋などの活動により胸郭の内腔を拡大・縮小して行う呼吸を胸式呼吸、横隔膜の収縮・弛緩により行う呼吸を腹式呼吸という。

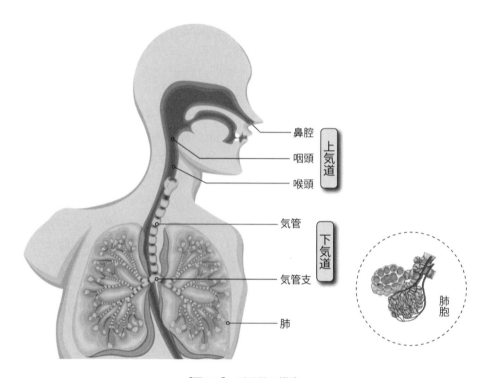

【図 5-6】　呼吸器の構造

◉ 5-2-3　換気量、肺活量、全肺気量

　一回の呼吸により肺に出入りする空気の量を一回換気量と呼ぶ。通常の呼息位からさらに努力して呼出できる呼気量の最大値を予備呼気量、通常の吸息位からさらに吸入できる吸気量の最大値を予備吸気量という。この 3 つを合わせたものが肺活量となる。また、最大努力により呼出しても気管や気管支、肺などには空気が残っており、これを残気量と呼ぶ。また予備呼気量と残気量の和を機能的残気量という。全肺気量とは、肺活量と残気量の和である（**図 5-7**）。

◉ 5-2-4　運動と呼吸

（1）運動に伴う一回換気量、呼吸数の変化

　運動時の換気量の増加は、呼吸の深さ（一回換気量）と速さ（呼吸数：1 分間当たりの呼吸の回数）によって決定される。それは、運動を開始すると筋の活動量が増え、多くの酸素が必要になるからである。換気量は通常 1 分間当たりの量で示され毎分換気量と呼ばれ、一回換気量と呼吸数の積で求められる。運動強度が高まるにつれ一回換気量、呼吸

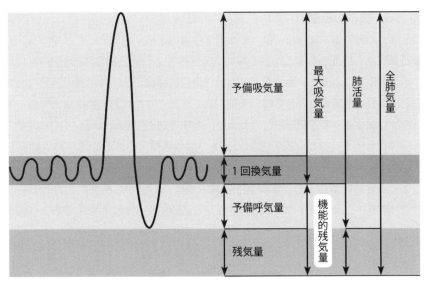

予備吸気量

1回換気量

予備呼気量

残気量

最大吸気量

肺活量

全肺気量

機能的残気量

【図 5-7】　呼吸気量

数とも増加し、激しい運動になると呼吸数は最大で 60 回/分、一回換気量も 3 〜 4L に
もなる。運動中の換気量は運動強度と比例し、直線的に増加する。一回換気量は持久的ト
レーニングによって増加する。また、持久的トレーニングにより、同じ運動強度に対する
換気量は低下し、少ない換気量で効率よく運動ができるようになる。

　（2）最大酸素摂取量及び運動による最大酸素摂取量の変化

　酸素摂取量とは、1 分間に生体が取り込む酸素量を指す。この値は吸気中と呼気中の酸
素量の差から求められる。運動により酸素需要が高まると、それに伴い呼吸・循環系の働
きが亢進し酸素摂取量が増加する。運動強度を漸増していく運動を行うと、酸素摂取量は
運動強度の増加に伴い上昇するが、ある強度で頭打ちになり横ばい状態となる（レベリン
グオフ）。このときの値を最大酸素摂取量といい、心肺能力や有酸素性持久力の指標とし
て広く用いられている。最大酸素摂取量は、1 分当たりの値（L/分）で表すこともあるが、
体格による影響を補正するために体重当たりの値（mL/kg/分）で示すことが多い。

　最大酸素摂取量には個人差があり、体格、性別、年齢、日常の運動程度などさまざまな
因子が関係している。健常者では、これら規定因子の中で最も重要となるのは心機能、特
に心臓のポンプ機能である。加齢に伴う最大酸素摂取量の減少は、加齢による最大心拍数
の減少によると考えられる。最大酸素摂取量を増加させる運動トレーニングは、有酸素性
トレーニングで、特に低強度で長時間行うロング・スロー・ディスタンスが広く知られて
いる。運動トレーニングによって最大酸素摂取量を増加させるには、運動の強度、時間、
頻度、期間が重要であり、その中でも強度が最も重要となる。したがって、できるだけ高
強度で可能な限り長く行う運動トレーニングを実施することで、最大酸素摂取量の増加が
期待できる。

◉ 5-2-5　循環の役割

　循環とは、心臓のポンプ作用によって血液が血管内をめぐる働きのことである。循環系は心臓と血管から構成されるため、心臓血管系とも呼ばれる。循環系の基本的な役割は、心臓のポンプ作用によって、血管を通じ血液を全身に循環させ、各組織の活動に必要な酸素や栄養素などを運搬するとともに、末梢組織で産出された代謝産物を除去することである。血液は動脈を通って各組織に行きわたり、静脈を通って心臓へ戻ってくる。

　血液の循環は大きく2つに分けられる。1つは体循環と呼ばれ心臓から大動脈を介して、各組織に酸素や栄養素などを運び、二酸化炭素や代謝産物を受け取り大静脈から心臓に戻ってくる経路である。もう1つは肺循環と呼ばれ心臓から肺動脈を介して、肺にて酸素を受け取り、二酸化炭素を放出し肺静脈から心臓に戻ってくる経路である（図5-8）。

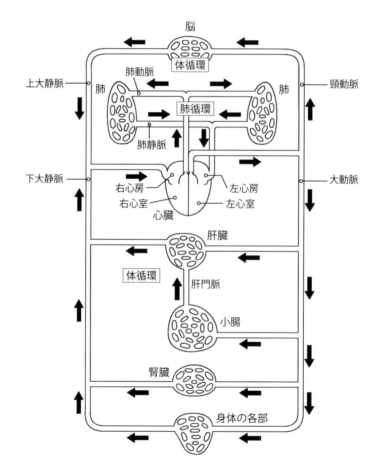

【図 5-8】　循環器系

◉ 5-2-6　心臓の構造

心臓は左胸にあると考えがちであるが、若干左に寄っているものの、ほぼ胸の中央に存在する。心臓には右心房、右心室、左心房、左心室の 4 つの部屋があり、これらの部屋の働きによって全身の循環は調節されている。右心室は肺循環、左心室は体循環のためのポンプの働きをしている。心室には出入口に弁（三尖弁、僧帽弁）があり、血液の逆流を防いでいる。全身を循環し酸素が少なくなった血液は大静脈を通って右心房に入り、右心室へ送られる。右心室のポンプ作用により送り出された血液は肺動脈を通って肺に到達し、酸素を受け取って左心房に循環する。酸素を豊富に含んだ血液は左心室へと移行し、強力なポンプ作用により全身を循環し、大静脈を介して右心房に戻ってくる。

◉ 5-2-7　心臓機能の調節

心臓は自律神経の交感神経と副交感神経の支配を受けている。交感神経は心臓の拍動回数を増やしたり、心筋の収縮力を強くしたりする。一方で副交感神経は拍動回数を減らし、ポンプ作用を抑制する。心臓は自律神経の支配を切り離しても一定のリズムで拍動を続けることができる。心臓は電気信号によって拍動しており、この電気信号を伝える経路を刺激伝導系といい、自発的に興奮する心筋線維が存在するために可能となっている。この伝導系は右心房にある洞房結節が興奮することにより始まり、この興奮が心房全体に広がり心房が収縮する。さらに房室結節、ヒス束、左右の脚、そして左右のプルキンエ線維へと順次興奮が伝わり、最終的に心筋全体に広がり心室が収縮する（図5-9）。

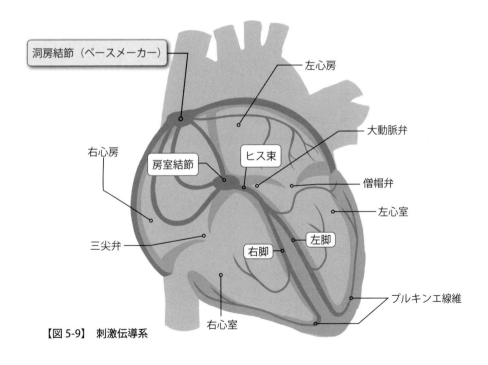

洞房結節（ペースメーカー）

左心房

大動脈弁

右心房

ヒス束

房室結節

僧帽弁

左心室

三尖弁

左脚

右脚

プルキンエ線維

右心室

【図 5-9】　刺激伝導系

　この刺激伝導系の働きを波形に表したものが心電図である。心電図は、心筋細胞の収縮と弛緩によって生じる膜電位の変化を皮膚の上から計測したものである。洞房結節から発生した電気信号が、心房内を伝わって心房が収縮する。このときに現われる波形をP波という。次に信号が房室結節からヒス束、左右の脚、左右のプルキンエ線維に伝わり心室が収縮する。このときに現われる波がQRS波である。最初に現われる下向きの波がQ波、次に現われる上向きの大きい波がR波、そしてその後に現われる下向きの波がS波である。このとき、右心室からは肺へ、左心室からは全身へ血液が送られる。右心室と左心室が収縮すると次の準備のためにそれぞれが拡張する。このときに現われる波がT波である。

◉5-2-8　心拍数、一回拍出量

　心臓が血液を送り出すために繰り返す収縮と弛緩のことを拍動といい、その拍動の回数を数えたものを心拍数という。心拍数は成人で1分間に60〜80拍である。1分間の脈拍が60拍未満の場合は徐脈、100拍を超える場合は頻脈という。一回の拍動あたりに拍出される血液の量のことを一回拍出量といい、安静時では60〜80mLである。1分間あたりに心臓が送り出す血液量は心拍出量と呼ばれ、心拍数と一回拍出量の積で算出される。安静時の心拍出量は約5L/分である。

◉5-2-9　血圧

　心臓は、収縮して心臓内の血液を動脈に押し出し、拡張して静脈から血液を受け入れている。血圧とは血管内を流れる血液が血管壁を押している圧力のことである。心臓が収縮して血液を押し出すときに血管の壁に加わる圧力を収縮期（最高）血圧、心臓が拡張して血液を受け入れるときに血管の壁に加わる圧力を拡張期血圧という。収縮期血圧と拡張期血圧の差を脈圧、平均して動脈に加わる圧力を平均血圧と呼ぶ。血圧は主に心拍出量と末梢血管抵抗（血液が流れ込むときに受ける抵抗のこと）により決定され、神経性あるいは体液性に調節されている。

　　　　　　血圧＝心拍出量×末梢血管抵抗

　したがって、血圧は心拍出量が多ければ上昇するし、末梢血管抵抗が強ければ上昇する。血圧は、時刻、加齢、運動、姿勢、精神ストレス、環境温、脱水などさまざまな要因によって変化する。

◉5-2-10　運動と循環
（1）運動に伴う一回拍出量、心拍数の変化

　運動を開始すると一回拍出量は増加する。しかし、その変化は、運動強度の増加に伴って直線的に増加するわけではなく、中等度強度までの運動では徐々に増加するが、それ以上の高い強度での運動では増加せず、一定の値を保つ。心拍数は運動開始とともに上昇し始め、中等度以下の運動強度であれば数分で定常状態となる。運動による心拍数の増大は

主に交感神経と副交感神経の働きにより調節されている。心拍数は交感神経の働きによって増加し、副交感神経の働きによって減少する。すなわち、運動を開始すると交感神経の活動が活性化して心拍数が増加する。対照的に、運動を終了すると副交感神経の活動が活性化して心拍数が減少し、安静時に戻る。

（2）運動に伴う血圧の変化

運動時には運動強度が高くなるにつれ直線的に血圧は上昇するが、その程度は運動の種類によって異なる。ランニング、水泳、自転車エルゴメーターなどの有酸素運動では収縮期血圧は上昇し、拡張期血圧は変化しない。一方、筋力トレーニングやウエイトリフティングなどの瞬発的な運動は、収縮期血圧及び拡張期血圧を大きく上昇させる。

（3）トレーニングによる心臓の適応

有酸素性トレーニングや無酸素性トレーニングによって心臓は大きくなる。それをスポーツ心臓という。有酸素性トレーニングによるスポーツ心臓は、左心室の心筋が肥大するとともに内径が増加する。一方、無酸素性トレーニングによるスポーツ心臓は左心室の心筋が肥大するとともに重量が増加する。

▷ 5-3　運動と内分泌

生体内外の環境変化に応じて、臓器の活動状態はダイナミックに変動する。そのためには細胞間で的確な情報伝達が行われ、それぞれが協調的に働く必要がある。細胞の働きを調節する主役は、自律神経と内分泌腺から分泌されるホルモンである。

◉ 5-3-1　ホルモン

ホルモンとは特定の細胞・組織で産出され、直接血中に分泌され血液を介して体内の標的臓器に運ばれ、ごく微量で固有の生理作用を示す活性物質のことをいう。このような分泌を内分泌といい、ホルモンを分泌する組織を内分泌腺という。主な内分泌腺として、視床下部、下垂体（前葉、後葉）、甲状腺、副甲状腺（上皮小体）、副腎（皮質・髄質）、膵臓、卵巣、精巣などがある（**図 5-10**）。ホルモンは、生体の恒常性を維持するとともに成長・発達・生殖・代謝などの過程を調節する。

（1）ホルモンの分類

ホルモンは化学構造の特徴から大きく 3 つに分類される。

① ペプチド・タンパク質系：アミノ酸がつながったポリペプチドから作られるホルモンで、視床下部ホルモン、インスリン、成長ホルモンなどがある。

② アミン・アミノ酸系：甲状腺ホルモン、アドレナリン、ノルアドレナリンなどがある。

③ ステロイド系：ステロイドを骨格に持ち、コレステロールから合成されるホルモンで性ホルモン、副腎皮質ホルモンなどがある。

（2）ホルモンの作用機序

ホルモンの標的細胞との結合及びそれに基づく細胞の応答機序は、ホルモンが水溶性か

脂溶性かで異なる。水溶性ホルモンには、ペプチドホルモン、アドレナリン、ノルアドレナリンが属する。細胞膜を通過できないため、受容体（ホルモンと結合するタンパク質。特定のホルモンが特定の受容体に結合して、そのホルモンの作用が発揮される）は細胞膜上にあり、その受容体と結合した後、細胞内情報伝達物質（セカンドメッセンジャー）を生成し、生理作用を発現する。一方、脂溶性ホルモンには、ステロイドホルモンや甲状腺ホルモンがある。細胞膜を通過して細胞内にある受容体と結合し、生理作用を発現する。

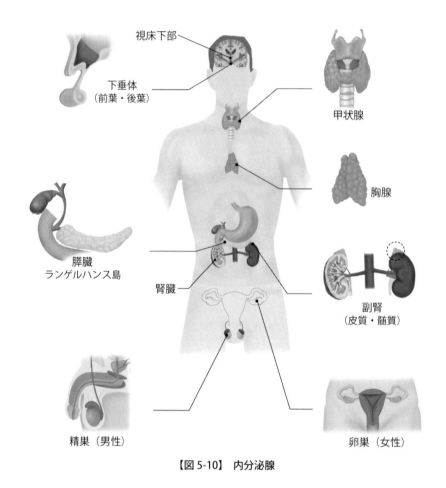

視床下部

下垂体
（前葉・後葉）

甲状腺

胸腺

膵臓
ランゲルハンス島

腎臓

副腎
（皮質・髄質）

精巣（男性）

卵巣（女性）

【図 5-10】　内分泌腺

（3）ホルモンの分泌調節

　ホルモンは、分泌量が過剰であっても不足しても生体に障害が生じる。そのため、ホルモンの分泌量や血中ホルモン濃度は、一定の範囲に保たれている。ホルモンの分泌の命令は、主に階層的に支配されており、上位ホルモンから下位ホルモンへと支配されている。また、ホルモンの分泌量は、フィードバック機構によっても調節されており、上位ホルモンの分泌量は、血中ホルモン濃度が低くなれば増加し、高くなれば減少する（**図 5-11**）。

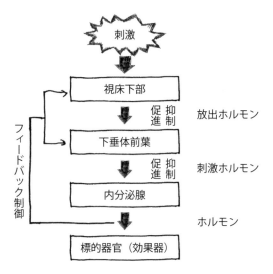

【図 5-11】　ホルモン分泌調節

◉5-3-2　運動と内分泌

　運動刺激により各内分泌腺から分泌されたホルモンは血中を移動し、標的組織に存在する特異的な受容体と結合することにより作用を発揮する。運動に対するホルモン分泌応答は、急性あるいは慢性、運動種目、運動強度、運動時間、加齢、性差などさまざまな因子の影響を受ける。

　一過性の運動に対して、各種ホルモンの血中濃度は顕著な変動を示す。運動時にはインスリンを除くほとんどのホルモンレベルが増大すると考えられている。一方、継続的な運動トレーニングは内分泌機能の適応をもたらす。すなわち同じ強度の運動に対する生体の負担は、トレーニング後に明らかに低下し、ホルモンレベルにもその影響が及ぶ。主なホルモンレベルの変動の生理的意義を以下に示す。

（1）血糖値のコントロール

　下垂体前葉から分泌される成長ホルモン、副腎髄質からのアドレナリンとノルアドレナリン、さらには副腎皮質からのコルチゾールと膵臓からのグルカゴンは運動時に分泌が亢進し、いずれも肝臓に作用してグリコーゲンを分解し血糖上昇作用を有する。一方、骨格筋、肝臓、脂肪組織における糖の取り込みを促進するインスリン分泌は、減少する。これらは、ATP 合成の基質としての糖を供給しやすい環境を作り、血糖値の低下を防いで安定的に運動を継続させる応答と考えられる。

（2）中性脂肪の分解

　成長ホルモン、アドレナリン、ノルアドレナリンあるいはグルカゴンは運動時に分泌量が増え、脂肪組織における中性脂肪の分解を促進し、エネルギー基質としての FFA が生成される。運動が長時間に及ぶ場合、糖質だけで運動を遂行するのは困難であり、理に適ったホルモン分泌応答である。

（3）性ホルモン

　筋力トレーニングによって男性のテストステロンレベルは上昇する。逆に持久的トレーニングを積んだ長距離男性ランナーの安静時のテストステロン分泌は低下する。女性においても持久的トレーニングが女性ホルモンレベルを抑制するという報告が多い。これらの応答には、体重・体脂肪減少や練習・試合に対する精神的ストレスなどが影響していると考えられる。

（4）体液調節

　体液調節において特に重要なホルモンは、下垂体後葉からのバソプレッシンとレニン－アンジオテンシン－アルドステロン系である。バソプレッシンは血管を収縮し血圧を上昇させ、腎臓における水の再吸収を促進させる。腎臓からレニンが分泌され、その刺激によってアンジオテンシンⅠを生成し、アンジオテンシンⅠは変換酵素によりアンジオテンシンⅡに変換される。アンジオテンシンⅡは強力な血管収縮作用を有し、末梢血管抵抗を増大させ血圧を上昇させる。また、アンジオテンシンⅡは、副腎皮質に作用してアルドステロンを分泌する。アルドステロンは腎臓での Na^+ と水の再吸収を促し、バソプレッシンとともに血漿量、体液量を維持・増大させ、心拍出量や血圧の維持・増加に貢献する。

　運動中、特に発汗を伴い体液を喪失する運動では、両者のホルモンの分泌増大が生じる。アルドステロンの分泌は、レニン－アンジオテンシン－アルドステロン系によって制御されており運動強度の影響を受ける。運動時には交感神経が緊張し、腎臓へ流入する血管の収縮が起こり、腎血流量が低下する。この刺激が腎臓からのレニン分泌を促進し、結果としてアルドステロン分泌を亢進させて体液量を調節する。

▷ 5-4　運動と血液・免疫

　日常生活において、血液の量や組成はほぼ一定に保たれているが、運動によって、それらが大きく変化することがある。生体は細菌やウイルスなどの外敵に常に曝されている。そのため、われわれはこれらの外敵を非自己と認識し、自己と区別することにより効率よく排除する免疫系を発達させてきた。

◉ 5-4-1　血液の成分と働き

　血液は液体成分と固体成分に分けることができる。液体成分を血漿といい、固体成分には赤血球、白血球、血小板の3種類がある。血漿は、糖質、脂質、タンパク質、電解質、老廃物などを含み、これらの物質や赤血球や白血球などを各組織に運搬するという働きがある。固体成分の大半を占めている赤血球は、無核細胞であり、赤い色をしている。特徴は、中央にくぼみのある円盤状をしており、細胞膜の内側に酸素と結合するヘモグロビン（血色素）を多量に含んでいる。赤血球、ヘモグロビンの主な働きは、酸素と結合して各組織へ運ぶことである。赤血球は出血のない場合、約120日間の寿命で循環し、古くなった赤血球は脾臓で破壊・処理される。

　白血球は、有核細胞であり、好中球、好酸球、好塩基球、リンパ球、単球・マクロファージの 5 種類ある。それぞれの細胞の連携によって体内へ侵入したウイルスや異物を除去する免疫作用がある。血小板は無核細胞であり、円盤状をしている。血管が傷つくと血管内皮細胞から血小板を活性させる物質が放出され、血小板の粘性が増し、血管の傷ついた部分をふさぎ、出血を止めることができる。血小板の数が減少すれば、出血しても血が止まりにくくなり、逆に増加する疾患では、血栓症が認められる。

◉ 5-4-2　運動と血液（赤血球）

（1）運動による赤血球数の変動

　運動による赤血球数は運動の強度と継続時間に依存して、一過性に変動する。例えば短距離の走行では赤血球は増加する。しかし、長時間の運動では赤血球の破壊が起きてくる場合もあるので、変化なしもしくは、低下すると考えられている。

（2）運動性貧血

　貧血とは、"単位容積あたりの赤血球数とヘモグロビン濃度が減少した状態"と定義される。激しい運動によって引き起こる貧血を運動性貧血と呼び、① 鉄欠乏性貧血と② 溶血性貧血がある。鉄欠乏性貧血は、赤血球の材料となる鉄、タンパク質などの摂取不足、あるいは消化管からの慢性的な出血や血尿、発汗、月経血などの鉄の損失によって生体内の鉄が不足することで起こる。溶血性貧血は、運動時に生じる物理的な衝撃によって赤血球が変化し、壊れやすくなって起こる。

◉ 5-4-3　免疫

　免疫とは、生体（宿主）が病原体（寄生体）から身を守る抵抗性を指し、さらに生体内に発生するがん（腫瘍）を排除する働きも含む。病原体というのは、ウイルスや細菌（バクテリア）のような外来微生物を指す。このような生体防御機構が破綻すると、細胞や組織が傷害され、アレルギーや自己免疫疾患などが引き起こされる。生体防御の第一線は、皮膚、唾液、粘膜、鼻毛などの物理的バリアであり、それを越えた病原体に対処するのは免疫系である。免疫系は自然免疫と獲得免疫に分けられる。

◉ 5-4-4　自然免疫と獲得免疫

（1）自然免疫

　自然免疫は、細菌や毒素などの病原体を異物と認識し、速やかに排除する生体防御の基本型である。この自然免疫による応答は、異物の形を認識する受容体で感知して発動される。

（2）獲得免疫

　獲得免疫は、無数にある異物を認識し特異的に応答する。作り出した抗体により、抗原を有する病原体を非自己として特異的に認識（抗原特異性）して排除する。

◉ 5-4-5　白血球

　白血球は、細胞質に顆粒がある顆粒球（好中球、好塩球、好塩基球）、顆粒が無いリンパ球（T細胞、B細胞、ナチュラルキラー細胞：NK細胞）と単球・マクロファージに分類され、それぞれ協同してウイルス、細菌、寄生虫などによる感染に対して強力な防御を行う。顆粒球で最も割合の多い好中球は、細菌を貪食（飲み込むこと）して殺し、細菌感染に対する生体防御を担う。リンパ球は生体防御に関わり、単球は免疫機能において複数の役割を果たす。

◉ 5-4-6　運動と免疫

（1）運動による白血球数の変動

　運動による白血球数は運動の強度と継続時間に依存して、一過性に変動する。高強度・短時間運動では、NK細胞数は運動直後に劇的な増加を示し、運動終了後には運動直前の半数程度まで減少する。またT細胞数は運動開始早期に増加がみられ、運動終了時に一過性の緩やかな減少が観察される。一方、好中球数は運動後に著しい増加がみられ、運動が長時間にわたる場合は運動後期にも増加がみられる。

（2）運動と免疫能

　ウォーキングやジョギングなど低〜中強度のトレーニングを継続すると、免疫機能に関与する白血球のNK細胞の安静時の数が増加するという報告がある。すなわち、運動習慣がある人のほうがウイルスなどに抵抗する能力が高く、風邪をひきにくいということである。しかし、過度な運動を行い、オーバートレーニング状態になるとNK細胞数は低下し、白血球がもつ免疫機能を低下させる可能性がある。オーバートレーニング状態にある者における上気道感染症などの罹患リスクの上昇が確認されており、末梢血のNK細胞や単球、さらには好中球数も低値を示す場合があるといわれている。

文献

小山勝弘・安藤大輔編『運動生理学——生理学の基礎から疾病予防まで』三共出版（2020）

中里浩一・岡本孝信・須永美歌子『1から学ぶスポーツ生理学【第2版】』ナップ（2018）

上田伸男・岸恭一・塚原丘美『運動と栄養　健康づくりのための実践指導』講談社（2013）

勝田茂・征矢英昭『運動生理学20講（第4版）』朝倉書店（2016）

中野昭一『図説運動の仕組みと応用（普及版）』医歯薬出版（2001）

勝田茂・和田正信『入門運動生理学（第4版）』杏林書院（2016）

藤原佐枝子「骨減少および骨折の危険因子」『臨床スポーツ医学25（3）』（2008）pp. 235-239

アスリートが知っておくべき人体の解剖生理

6-1　筋肉

6-1-1　骨格筋

　骨格筋は全身の筋肉の 40 〜 50 ％を占めており、骨に付着しているので骨格筋と呼ばれている。走る、跳ぶ、泳ぐ、投げるというような、あらゆる運動の原動力になっており、顔面で喜怒哀楽の表情をつくるのも骨格筋の働きである。また、立ったり座ったりといった、通常は意識されることがない動作や姿勢の維持にも絶えず骨格筋が働いている。骨格筋は横紋筋であり、体性神経系に支配されていて自分の意思で動かせる「随意筋」である。

6-1-2　骨格筋線維のタイプ

　人の骨格筋線維には、その名の通り見た目が赤っぽいタイプⅠ線維＝赤筋＝遅筋（Slow-Twitch：ST 線維）と、白っぽいタイプⅡ線維＝白筋＝速筋（Fast-Twitch：FT 線維）に分類される（図6-1）。また、FT 線維はさらに FTa（Ⅱa）線維と FTb（Ⅱb）線維に細分され、FTa 線維は遅筋線維に近いタイプなため、ピンク筋とも呼ばれている。

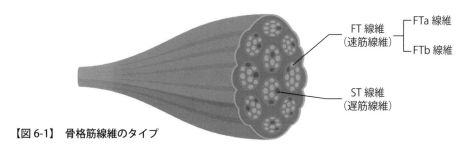

【図6-1】　骨格筋線維のタイプ

　FT(速筋、白筋)線維は、ST(遅筋、赤筋)線維の２〜３倍の速度で収縮することができる。しかし、筋収縮による疲労耐性が低いため疲れやすいのが特徴である。一方、ST線維は、FT線維とは逆に筋の収縮速度は遅いが、疲労耐性が高いので疲れにくい筋線維であり、１時間以上連続的に収縮しても発揮する張力はほとんど低下しないという特徴がある。

	筋力スピード	持久力
タイプⅠ赤筋	×	○
ピンク	△	△
タイプⅡ白筋	○	×

タイプⅠ（ST）線維：赤筋：遅筋
・有酸素系のエネルギーシステムにより活動
・酸素を運ぶ血液中のヘモグロビンが多いため赤い
・持久力がある。疲労しにくい
・大きな力を素早く出すのは不得意
　例：マグロ

タイプⅡ（FT）線維：白筋：速筋（Ⅱb線維）
・無酸素系のエネルギーシステムで活動
・白っぽい
・大きな力をすばやく発揮する
・持久力がない。疲労しやすい
　例：ヒラメ、カレイ
※中間＝ピンク筋（Ⅱa：FTa線維）もある

【図6-2】　骨格筋線維のタイプ別の特徴

　したがって、赤筋(遅筋)が多い人は持久系のスポーツ種目であるマラソン、水泳、長距離、クロスカントリースキー等が得意であり、一方、白筋（速筋）が多い人は、短距離走、跳躍、投擲、重量挙げといったスピードや強い筋力を必要とする競技が向いている（図6-2）。

　この赤筋（遅筋）と白筋（速筋）の割合は生まれつきの遺伝で決まっており、トレーニング等によってその割合を変えることはできない。したがって、幼い頃から長距離が得意な人とパワーや瞬発系が得意な人がいるように個人差がとても大きいが、人種や肌の色とは全く関係がない。そしてこの特徴は一生変わらないものの、だからといって持久力をつけたり、筋力やスピードを高めたりするトレーニングが無駄というわけではない。白筋（速筋）が少ない人でもスピードトレーニングや筋力アップトレーニングにより白筋が強化されて筋力増強ははかれる。また持久的トレーニングを行うことで、赤筋が鍛えられるのと同時にピュアな白筋のFTb線維が、ピンク筋といわれる白筋のなかの赤筋（遅筋）に近いFTb線維に変化するため、持久力は向上する。ただし、持久力トレーニングのみをやり過ぎると、FTb線維が減少することでスピードや瞬発系能力が低下しかねないため、トレーニング方法には目的にあったバランスの良い計画を立てる必要がある。

6-2　骨

6-2-1　人間の骨の種類と構造

　成人には 200 〜 206 個の骨が存在し、身体を形づくっている（**図 6-3**）。骨にはさまざまな形状があり、長骨（長管骨）、短骨、扁平骨、不規則骨、種子骨に分類される。

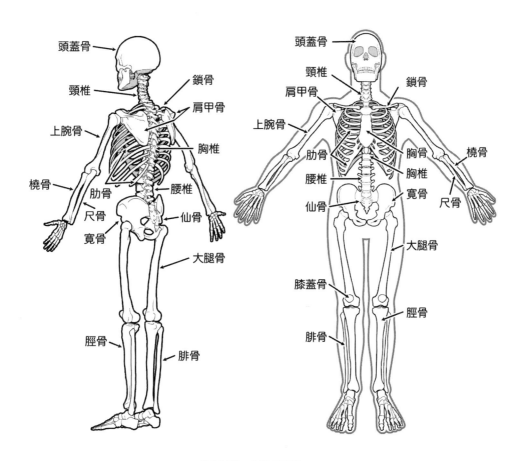

【図 6-3】　人間の骨格

　長骨は主に四肢に存在する長い管状の骨で、上腕骨、橈骨、尺骨、大腿骨、脛骨、腓骨、中手骨、中足骨などであり、身体を支え、動作を容易にする。

　短骨は短いサイコロ状、ブロック状の短い骨で、手根骨（舟状骨、月状骨、三角骨、有鈎骨、豆状骨、有頭骨、小菱形骨、大菱形骨）や足根骨（踵骨、距骨、舟状骨、立方骨、外側楔状骨、中間楔状骨、内側楔状骨）などで、手や足部に存在し、安定性と特殊な動作を担っている（**図 6-4**）。

　扁平骨は平べったい形状の骨で、頭蓋骨、胸骨、肩甲骨、腸骨などであり、内臓器官を

保護している（**図6-5**）。

　不規則骨はその形がさまざまで、かなり複雑な構造をしており、脊柱の椎骨（頚椎、胸椎、腰椎）や仙骨などが該当し、脊髄神経や内臓器官を保護している（**図6-6**）。

　種子骨は腱や靱帯の内側に存在し、小さく丸い形状で、膝蓋骨、外脛骨、三角骨、母趾種子骨などがある。関節周囲で腱や靱帯を強化して骨との摩擦を軽減したり、滑車のような役割をしたりしている（**図6-7**）。

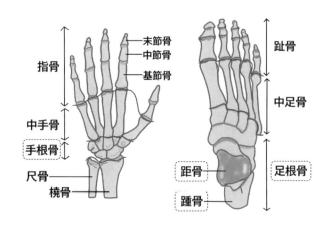

【図6-4】　短骨

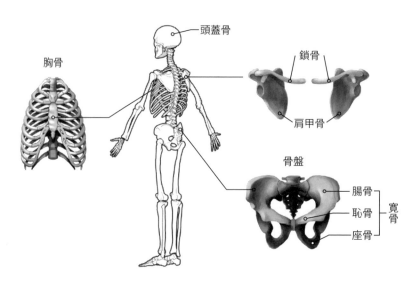

【図6-5】　扁平骨

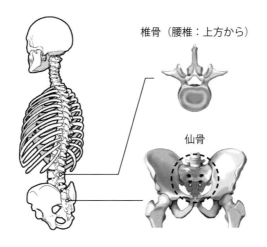

椎骨（腰椎：上方から）

仙骨

【図6-6】　不規則骨

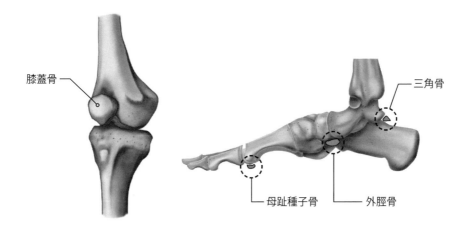

膝蓋骨

三角骨

母趾種子骨

外脛骨

【図6-7】　種子骨

◉ 6-2-2　長骨の微細構造

　長骨の微細構造を**図6-8**に示す。長骨の中央部分は細長く骨幹と呼ばれ、パイプ状の硬い皮質骨で構成されている。一方、両端は太くなって骨端と呼ばれ、内部は海綿骨で構成され、その表面（関節面）は関節軟骨によって覆われていて、隣接する骨と向かい合って関節を形成する。関節軟骨に覆われていない骨幹の皮質骨表面には骨膜が存在する。この骨膜は線維性の皮膜であり、その内腔側には骨形成能を有する細胞層があり、骨の横径方向への成長や、骨折時の修復、骨リモデリングに重要な役割を果たしている。

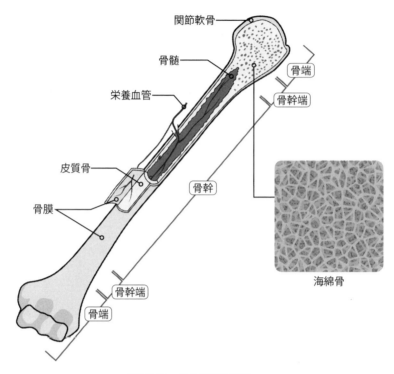

関節軟骨

骨髄

栄養血管

皮質骨

骨膜

骨端

骨幹端

骨幹

骨幹端

骨端

海綿骨

【図 6-8】　長骨の微細構造

◉ 6-2-3　骨成長と骨リモデリング

　成長期における骨の成長には、骨膜下で行われ、骨が太くなる方向の"膜性骨化"と、骨端軟骨板あるいは成長線と呼ばれる骨幹端にある軟骨組織を経て骨が長くなる方向へ形成される"軟骨性骨化"がある。

　成人になると骨端軟骨板は消失し、骨成長は止まる。しかし全身の骨において、形状自体はほとんど変化しないものの常に作り替えが繰り返されており、これを骨リモデリング（骨の再構築）という。この骨リモデリングは、既存の古い骨を吸収する破骨細胞による骨吸収と、新しい骨を形成する骨芽細胞の働きである骨形成によって少しずつ行われている。成人ではこの骨リモデリングにより 1 年間で全身の骨の 20 〜 30％が置き換わり、4 〜 5 年で骨全体が更新されるといわれている。一方、小児の場合は成人の 3 〜 5 倍の速度で骨リモデリングが起きており、1 年間でほぼ全身の骨が入れ替わる。このため子供の骨折は大人の数倍も早く治るのである。

　また全身のカルシウムの 99％は骨に貯蔵されていて、破骨細胞が古い骨を溶かす骨吸収作用により血中カルシウム濃度が一定に保たれている。したがって、食事等でのカルシウム摂取が足りないと、骨形成より骨吸収が亢進して骨がスカスカ状態、つまり骨粗鬆症となり、特にスポーツ選手では疲労骨折のリスクも高まるため注意が必要である。

▷ 6-3　神経

◉ 6-3-1　神経系

自分の意思で動く運動は、ある目的をもって意識的に行われるもので随意運動という。歩行やスポーツ活動などが当てはまる。一方、自分の意思とは無関係に行われる、呼吸などの運動を不随意運動という。これらの運動に関与している筋肉に限らず、全身のほぼすべての組織は神経とつながっているため、神経組織もほぼ全身に分布している。この神経組織は、情報を統合・処理する中枢神経と、末梢神経に分かれている（図6-9）。

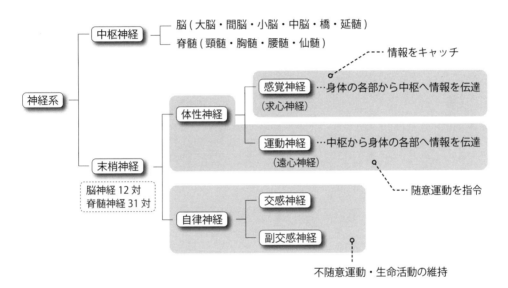

【図6-9】　神経組織の全体像

中枢神経の中でも大脳は、さまざまな外的情報をキャッチし、スポーツ活動における身体の複雑な動きなどの命令を下すというような、綿密で多彩な情報処理を行っている最も重要な組織である。

脊髄の重要な機能は、脳と末梢神経との情報伝達と、脊髄反射である。脊髄には、脳からの下行性神経線維束と、脳への上行性神経線維束および神経反射の中枢があり、多くの脊髄神経が出入りしている。

末梢神経は、12対の脳神経と、31対の脊髄神経があり、中枢神経とさまざまな臓器組織を結びつけている神経である。

末梢神経のうち、痛覚や知覚、温度などの感覚の情報や、意識的な動きの命令を伝達する神経を体性神経という。この体性神経には、末梢の感覚器で感じた「痛い」「熱い」などの外界の変化などの情報を中枢へ求心性に伝達する感覚神経と、中枢から身体の各部へ「手を引っ込めろ」「走れ」というような運動指令を遠心性に伝達する運動神経がある。

一方、心臓の拍動や内臓の動きを無意識に調節する末梢神経系を自律神経といい、交感神経と副交感神経の 2 つが存在する。

◉ 6-3-2　錐体路と錐体外路

大脳皮質の運動野から出た運動指令を随意的に骨格筋まで伝える下行性神経路を錐体路、錐体路以外の下行性神経路を錐体外路と呼ぶ。

大脳皮質の運動野から出た運動指令は、内包、中脳、橋、延髄を通り、大部分は延髄の錐体で交叉して脊髄側索を下行し、前角神経細胞にシナプスを介して結合する。さらに遠心性の運動神経によって骨格筋に指令が伝えられる。この神経路が錐体路である（図 6-10）。

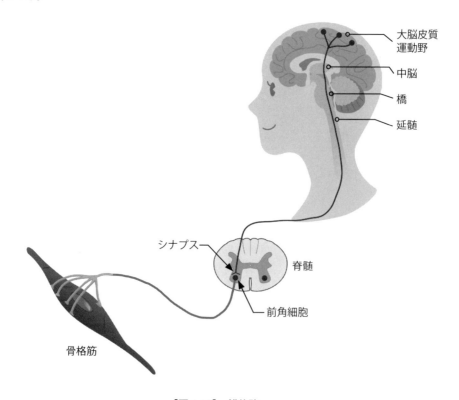

【図 6-10】　錐体路

錐体外路は、錐体路による骨格筋の随意的運動を円滑に行うために重要な役割を果たしており、大脳皮質にある錐体外路中枢や大脳基底核、視床、脳幹の黒質、赤核、小脳などが複雑に関与していて、さまざまな中枢と核が連絡を取りながら、筋の緊張や筋群の協調運動を反射的、無意識的に行っている（図 6-11）。豆を箸でつまむなど微妙な動きを上手にできるのは、錐体外路系の機能による。

骨格筋の運動は、これら錐体路と錐体外路が互いに協力しながら調整されている。

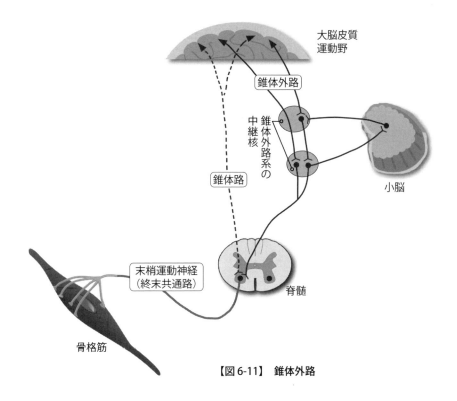

【図6-11】　錐体外路

◉ 6-3-3　骨格筋と運動ニューロン、モーターユニット

　神経細胞の基本単位をニューロンといい、神経系は多数のニューロンにより構成されている。ニューロンの中でも、骨格筋の動きを支配して筋肉に信号を伝えるものを運動ニューロン（運動神経）という。末梢の運動ニューロンの軸索の末端は筋線維と接合しており、この接合部を終板（神経筋接合部）と呼ぶ（図6-12）。

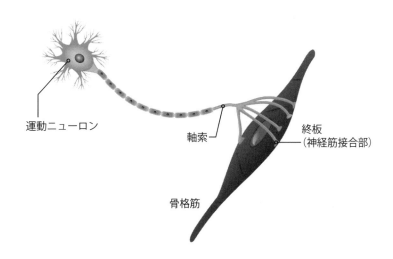

【図6-12】　運動ニューロンと筋肉の結合

　1つの運動ニューロンとそれに支配されている筋線維群は1つの単位として活動することから、モーターユニット（運動単位）と呼ばれる。一つの骨格筋にはいくつものモーターユニットがあり、活動するモーターユニットの数によって、筋肉の張力が変わる。骨格筋が持続的に収縮する必要がある場合、あるモーターユニットは活動するが、隣のモーターユニットは休むというように交替で活動することで個々の運動単位の疲労を防ぎ、一定の力が出せるよう調節されている。そして随意的に最大筋力を発揮しようとしても、全筋線維の20〜30％は休んでいる状態となっている。

◉ 6-3-4　脊髄反射

　脊髄は、例えば「熱いものや鋭く尖ったものを触った時に素早く手を引っ込める」というような反射運動を司っている中枢神経組織でもある。反射とは、刺激に対して大脳皮質を介さずに無意識下で行われる反応のことで、反射の刺激情報伝導経路を反射弓という。脊髄反射は、「痛い」「熱い」といった末梢からの刺激情報が、求心路である感覚神経を通って脊髄の反射中枢に達すると、自分の意思とは無関係に、反射的に遠心路である運動神経を介して瞬時にその刺激情報を末梢へ伝え、支配筋肉を収縮させたり、腺分泌を行ったりする。このように反射では、電気信号が脳に達する前、つまり脊髄の段階で命令が発せられるため、通常の大脳で知覚・判断するよりもはるかにスピーディな反応が起こるので、防衛反応の1つと考えられている。

6-4　トレーニングとスポーツ生理学

◉ 6-4-1　筋力、筋持久力、筋パワー

　アスリートはパフォーマンス向上のために筋力トレーニングを行っているが、われわれが備えている骨格筋の筋機能は、筋力、筋持久力、筋パワーの3つの要素に分けられる。筋力とは、筋収縮によって1回に出せる力のことで、筋持久力とは、筋運動を長時間持続する力、筋パワーは、筋が一定時間にできる仕事量のことである。

　筋力は筋の太さ、つまり筋断面積に比例しており、筋が太いほど筋力は強い。筋力を高めるためのトレーニングを行った場合、測定値的には数日〜数週間で筋力の向上が確認できるが、筋肥大はあまり観察されない。これは、神経系の適応により、収縮する筋線維の数が増えただけであり、もともと有している筋がより効率よく稼働するようになったことによる。すなわちトレーニングの初期では、筋が太くなったのではなく、神経系の改善により筋線維の稼働率が増加して筋力発揮が上手になることで筋力はアップするが、筋肥大が生じて骨格筋量を増加させるためには、2、3カ月以上のトレーニング期間が必要である。

　筋持久力を高めるためには、筋収縮を長時間持続できる、つまり疲労耐性を高くすることが必要となる。よって筋持久力向上のトレーニングは、最大筋力を100％として、30〜60％の小さな負荷での運動を長時間続ける方法が適している。その結果、筋の毛細血

管の数が増加することで、筋への血流量が増加する。この適応により、多くの酸素が骨格筋に供給できるようになる。さらに有酸素性のエネルギー供給機能が向上することで、疲労耐性が獲得され筋持久力が向上する。

　筋パワーとは、いわゆる瞬発力のことである。スポーツ競技では、ダッシュ、ジャンプ、アタック、バッティング、全力投球、タックルや力強い投げなど、大きな力を素早く発揮する場面が多い。このような時に、筋肉が瞬時に大きな力を発揮する能力が筋パワーである。筋パワーとは、どれくらいの力をどれくらいのスピードで発揮できるかで示され、単位時間あたりに発揮される運動エネルギーの大きさで表される。したがって筋パワーを高めるためには、強い力を素早く発揮する能力を高めるトレーニングが必要となり、筋力アップと、筋の収縮速度つまりスピードトレーニングの、両方のトレーニングが重要である。よって最大筋力の 30 〜 60％の負荷で、もっとも速いスピードでのトレーニングが効果的であるが、競技によって必要とされる筋パワーは異なるため、その競技特殊性を考慮したトレーニング方法を工夫することが大切となる。

◉ 6-4-2　トレーニングによる反復練習の大切さ

　トレーニングにより筋力、筋持久力や筋パワーの向上とともに、競技種目特有のスキルアップが必要なのはいうまでもない。このスキルとは、目的にかなった動きをするように、身体のさまざまな機能を調節する能力のことを指すが、特に重要なのは、正確さ、巧みさ、そして瞬間的な力強さである。これらスキル向上のトレーニングにより、神経─筋機構の協調機能が向上する。これには何度も反復した練習が必要である。シュートやスマッシュなどの練習をする場合、始めは頭で考えながら運動をする。この時、大脳皮質の運動野から錐体路を経て、脊髄でα運動神経へ信号が送られ、筋肉へ収縮指令が伝わり、運動が実行されるが、同時に錐体外路を経て小脳へも情報が伝えられる。そしてシュートやアタックを失敗した場合、その失敗したという情報は、筋紡錘から小脳へ伝えられ、前もって運動野から伝えられた情報と照合して大脳へ送られる。そして次にシュートやアタックをする時は、その情報を処理して補正した信号が筋肉へ送られ、徐々にシュートやアタックをするのに適切なフォームや力が発揮できるようになる。このような動作を何度も反復練習することで、技術が修得できた者では、次第に大脳からではなく、小脳から筋への指令が伝えられるようになり、考えたり意識したりしなくても適切なフォームと力で上手にシュートやアタックをすることができるようになる。これは、小脳の学習機能により運動モデルが形成されて、なめらかで正確な運動が行えるようになるからである。したがって、スキルアップのためには、昔から行われている地道な反復練習が必要不可欠なのである。

◉ 6-4-3　火事場の馬鹿力

　人間はいつでもフルパワーを発揮している訳ではない。常に全筋肉が全筋力を発揮してしまうと、疲労が回復する暇がなく、ケガ・故障の時には全く動けなくなってしまう。よっ

て予備能力を残しておき、普段は全力の2〜3割に抑えられている。したがって「いざ」という時に「火事場の馬鹿力」というのが起こり得るのである。火事や事故、あるいは試合中の「ここぞ」という緊急事態の時のみ、フルパワーモードに切り替わって、普段の何倍もの力を出すことができるようになる。裏を返せば、普段から「気合いだ〜」といってフルパワー全開でトレーニングや競技を行っていると、ケガ・故障のリスクが高まることと、余力がなくなるため注意が必要である。

◉ 6-4-4　トレーニングに対する身体の応答と適応

　運動生理学の分野では、一回の運動刺激に対する身体の反応を「応答」という。そして長期間の運動刺激に対する身体の反応を「適応」という。例えばバーベルを使ったトレーニングにおいて、最初は上げられなかった重いバーベルが、トレーニングを繰り返すことで後に挙げられるようになるのは、身体が適応したからである。つまりトレーニングとは、運動に対する身体の「適応」を利用して、競技力を強化・発展させる方法である。

　特に激しいスポーツは、生体の内部環境を崩すほどの大きな刺激となるが，実際には倒れることなく運動を継続することができる。これは，運動刺激によるストレスに応じてホルモンが分泌され、身体の各器官や細胞の働きが調節され、筋細胞が増殖（筋肥大）したり、脂肪組織が分解されたりするからである。このようにわれわれの身体はさまざまなストレスに打ち勝つために「適応」し、筋力、筋パワー、持久力、スキル、そして競技レベルが向上する。しかし、競技レベルが上がるほど、一生懸命練習すればするほど身体へのストレスも大きくなり、ケガや故障のリスクも高まってしまうため、注意が必要である。

文献

中里浩一・岡本孝信・須永美歌子『1から学ぶスポーツ生理学』ナップ（2012）

横浜市スポーツ医科学センター編『スポーツトレーニングの基礎理論』西東社（2013）

中島雅美監修『運動・からだ図解　生理学の基本』マイナビ（2013）

国際スポーツ医科学研究所 監修『スポーツコンディショニングの基礎理論』西東社（2014）

公益財団法人日本体育協会「第4章①運動器のしくみと働き②呼吸循環器系の働きとエネルギー供給」
　『公認スポーツ指導者養成テキスト　共通科目Ⅲ』第13刷（2015）72-96頁

増田敦子『解剖整理をおもしろく学ぶ』サイオ出版（2015）

南沢享監修『いちばんやさしい生理学』成美堂出版（2015）

疾病の予防・改善と運動処方

7-1　メディカルチェックの意義と運動負荷試験の目的・方法

　健康づくりや競技力向上など、運動を行う目的はさまざまである。しかしながら、運動は正しく安全に行うことができなければ怪我や障害のリスクにもなり得る。怪我のリスクを減らすためには、運動ができる状態かどうか、どの程度の運動まで可能か、自身の状態を知る必要がある。本節では、運動を正しく安全に行うための必須条件となるメディカルチェックの意義、そしてメディカルチェックの一つである運動負荷試験について概説する。

　メディカルチェックとは、問診・診察・血圧測定・血液検査・尿検査・身体計測・心電図・運動負荷心電図・レントゲン撮影といった医学的検査のことをいう。メディカルチェックを行う目的は、主に2つある。1つ目は、現在の身体の状態を客観的に捉え、自覚症状のない病気の早期発見や改善すべき生活習慣を見つけることである。われわれが定期的に受けている健康診断や人間ドックもメディカルチェックといえる。2つ目は、運動によって重大な事故が発生しないように、運動の実施が可能か、どのような運動、強度、時間や頻度が適しているのか把握することである。メディカルチェックの測定項目は、施設や目的によってさまざまである。一般的な項目では問診、診察、血圧測定、尿検査、身体計測が行われることが多い。高齢者においては、膝関節や股関節、腰椎の変形性関節症などの運動器疾患を合併している場合も多いことから、関節の運動性、痛みの有無、筋力低下や筋萎縮の程度なども測定する場合がある。運動前の検査では、後述する運動負荷試験や関節可動域などの整形外科的メディカルチェックが行われることがある。

　運動負荷試験とは、運動の前後や運動中に、心電図や心拍応答から心臓の状態を調べる医学的検査である。主に、医師や臨床検査技師が試験の実施を担当する。運動負荷試験の目的は、①運動により心臓への血液の流れが十分であるかどうかを検討し、隠れた冠動脈

の病気を見つける、②運動によって不整脈が誘発されるか、また不整脈が運動によってどう変化するのかを判断する、③身体運動負荷に耐えるために必要な、呼吸や心血管系の能力に関する機能（運動耐容能、最大酸素摂取量）を調べることが挙げられる。運動負荷試験の方法には、階段昇降に似たマスター２階段負荷テストや６分間歩行テストといったフィールドウォーキングテストと、自転車エルゴメーターやトレッドミルを使用したテストがある（**図7-1**）。

２階段負荷テスト
◉運動前と運動後に心電図を記録
（運動中はできない）
◉年齢・性別・体重で決められた回数を
一定時間昇降する

エルゴメーター負荷試験
◉運動前と運動中に心電図を記録
◉一定の負荷がかかった自転車をこぐ

トレッドミル負荷試験
◉運動前と運動中に心電図を記録
◉一定時間ごとに速度・傾斜が変わるベルトの上を歩く、もしくは走る

【図 7-1】　運動負荷試験の種類の一例

　フィールドウォーキングテストは、患者が時間内に自分のペースで歩ける最大距離を測定するという単純かつ簡易的な測定ではあるが、呼吸機能や代謝機能のリアルタイムな観察が困難である。一方、自転車エルゴメーターやトレッドミルを使用した負荷試験では、あらかじめ心電図や血圧計を装着して測定するため、安全性も診断精度も優れているといわれている。運動負荷試験には、患者の状態や病態によって絶対的禁忌（絶対に負荷試験を行ってはいけない）と相対的禁忌（検査による有益性がリスクを上回ると判断された場合にやってよい）があるため注意が必要である（**表7-1**）。さらに、運動負荷試験では、自覚症状や他覚所見に基づく中止基準（エンドポイント）も厳密に決められており、

【表 7-1】　運動負荷試験における禁忌

絶対的禁忌	相対的禁忌
1. 強い心筋虚血	1. 高度の房室ブロック
2. 不安定狭心症	2. 徐脈性不整脈
3. 重大な不整脈	3. 電解質異常
4. 重度の大動脈弁狭窄	4. 高血圧（収縮期 ≧ 200 または拡張期 ≦ 110）
5. 急性心筋炎（ウイルス性）	5. 肥大型心筋症
6. 解離性大動脈瘤	6. 慢性感染症

（健康運動指導士養成講習会テキストより改変）

【表 7-2】　運動負荷試験の中止基準

絶対的適応
1. 運動強度の増加にもかかわらず、収縮期血圧 ≧ 10 低下する場合
2. かなり強い狭心症発作
3. 神経系症状の増強
4. 循環不全の徴候
5. 心電図、収縮期血圧の監視が技術的に困難となった場合
6. 被検者からの中止要求

相対的適応
1. 疲労、息切れ、喘鳴、下肢けいれん
2. 胸痛の増強
3. 高血圧反応（収縮期 ≧ 250 または拡張期 ≧ 115）

これをもとに検査担当者が試験の終了を決定している（**表 7-2**）。運動負荷試験を終了させるタイミングは試験において極めて重要であるため、検査担当者や補助者は十分に理解し、遵守する必要がある。心肺運動負荷試験（Cardiopulmonary Exercise Training: CPX）は、運動負荷試験に呼気ガス分析を併用し、酸素摂取量（$\dot{V}O_2$）や二酸化炭素排出量（$\dot{V}CO_2$）、換気量（TV）を測定することをいう。われわれヒトの生命活動において呼吸は必要不可欠であり呼吸のメカニズムにおいて重要な要素が、肺、心臓、筋肉である。そして、呼吸の流れを簡易的に説明した図を Wassermann（ワッサーマン）の歯車と呼ぶ（**図 7-2**）[1]。呼気ガス分析の結果には、酸素摂取に関連する呼吸機能、心機能、骨格筋機能、血管内皮機能、自律神経応答、赤血球機能などが関与している。そのため、心肺運動負荷試験は息切れ・動悸などの診断、呼吸器疾患と循環器疾患の鑑別、心不全の重症度の判定などの診断の一つとして活用されるようになってきている。

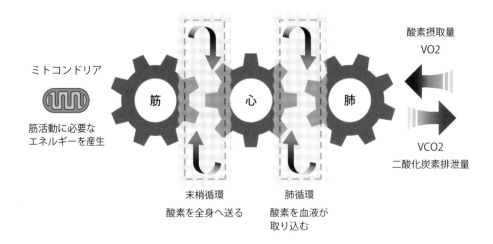

ミトコンドリア

筋活動に必要な
エネルギーを産生

酸素摂取量
VO2

VCO2
二酸化炭素排泄量

末梢循環
酸素を全身へ送る

肺循環
酸素を血液が
取り込む

【図7-2】　ワッサーマンの歯車

7-2　運動処方の意義、内容そして原則

　運動は、一般的に健康づくりのための有効な手段として考えられているが、運動の内容や強度によっては、効果が得られなかったり、怪我につながる可能性がある。そのため、健康づくりや疾患の予防・改善のために運動を実施する場合は、安全を確保したうえで、個人の年齢、性別のみならず、体格や体力レベル、疾患の有無などに合致した運動プログラムを提供する必要がある。これを、数多くの薬剤から患者の症状に合わせ最も適した薬物を処方するのと類似していることから、「運動処方」という。本節では、運動処方の意義、内容そして留意すべき原則について概説する。

　運動処方の目的は、体力の向上と慢性疾患の危険性を減少させることによって、健康な状態を保持・増進させることである。運動処方は、メディカルチェックや運動負荷試験を実施した後、以下の4つの要素に留意して実施する必要がある。1つ目は、頻度（Frequency）である。アメリカスポーツ医学会及びアメリカ心臓協会では、「18 〜 65歳の全ての健康な成人は、中等度強度の有酸素運動を30分以上、週5回、あるいは激しい活動を20分以上、週3回実施する必要がある。また、この勧告を満たすために中等度と激しい強度の運動を組み合わせて実施してもよい。中等度強度の有酸素活動は1回10分以上で合計30分としてもよい」というガイドラインを出している。実際、週1回の運動はあまり効果が認められず、週3 〜 5回のトレーニング頻度が最も効果的という研究も報告されている。また、1日に短時間の運動を何度も行うことと、1回に長時間運動を行うのはほぼ同等の効果があるとも報告されている[2]。2つ目は、運動の強度（Intensity）である。アメリカ糖尿病学会は、50 〜 74%VO_2maxの強度で週に3 〜 5回、20 〜 60分の運動を基本に、患者のニーズに合わせてエネルギー消費量が週700 〜 2000kcalになるように調整するよう指示している。しかし、このレベルの運動強度は無酸素性作業

閾値（anaerobic threshold: AT、血中乳酸の増加が起こり始める運動強度）、あるいは
それ以上の負荷になり、内臓脂肪型肥満者に発生している糖・脂質代謝異常の改善には必
ずしもこの運動処方が適するとは限らない。そのため、有酸素運動での運動強度は、主
観的運動強度（Rate of Perceived Exertion: RPE）と呼ばれる指標が使用されることが
多い。RPE の代表的なものに Borg Scale がある。Borg Scale には、6 ～ 20 の数値で
示された表（Category scale）と 0 ～ 10 の数値で示された表（Category-ratio scale:
CR-10）の 2 種類がある。Category scale は実施している運動がどれほどきついのかと
いう自分の感覚を表し、CR-10 は自分が感じる運動の強さを最大 10 とし、どれほどの
運動強度と感じるのかを示している。CR-10 の表中には 11 ～という表記があるが、こ
れは疲労困憊で運動継続が不可能となる場合に使用される。一般的に、CR-10 よりも
Category scale が用いられている（表7-3）。

【表7-3】　Borg Scale（Category scale）

等級	主観的運動強度
6	
7	非常に楽である
8	
9	かなり楽である
10	
11	楽である
12	
13	ややきつい
14	
15	きつい
16	
17	かなりきつい
18	
19	非常にきつい
20	

　Category scale では実践者が指し示した表中の数値を 10 倍すれば、おおよそその
時の心拍数となるように工夫されている。また、運動中の $\dot{V}O_2$ と同様に、心拍数も運
動強度に対して直線的に比例するため、$\dot{V}O_2$ の代わりに心拍数を用いて運動強度を示す
ことができる。心拍数を用いて運動強度を表す場合は、最大心拍数（Heart Rate max:

HRmax）、あるいは、予備心拍数（Heart Rate Reserved: HRR）を用いる。最大心拍数を用いた運動強度は、心拍数が最大心拍数の何 % に相当するかで表現する。算出式は、①の通りである。

① ［運動強度（%HRmax）＝運動中の心拍数÷最大心拍数× 100］

予備心拍数を用いた運動強度は、安静時の心拍数を 0%、最大心拍数を 100% と設定して、運動の強度を示す。算出式は、②の通りである。

② ［運動強度（%HRR）＝（運動中の心拍数－安静時心拍数）÷（最大心拍数－安静時心拍数）× 100］

最大酸素摂取量($\%\dot{V}O_2max$)、あるいは、最大心拍数(%HRmax)や予備心拍数(%HRR)で運動強度を示すことができるが、いずれの表示の仕方でも運動強度（%）はほぼ同じと考えてよい。3 つ目は、運動の時間（Time）である。上述したように、ACSM をはじめとした健康づくりに関するガイドラインでは 1 日の運動時間が合計 30 〜 60 分であることが望ましいとしている。しかしながら、中高齢者や訓練されていない健常者、および何かしらの疾患を持つ患者がいきなり継続して運動を行うことは難しい。漸進性の原則に基づき少しずつ負荷を高めていくことで障害のリスクも低減される。4 つ目は、運動の種類（Type）である。健康づくりのためにウォーキングやジョギングをする人は多い。実際に、その効果は多くの研究で明らかになっているが、高齢者や肥満（過体重）者の場合、筋肉、関節、そして靭帯組織に余計な負荷がかかり、運動障害を誘発する原因になる可能性がある。個人差も大きく影響するが、高齢者や肥満者では、日常生活動作（Activity of Daily Living: ADL）が可能な水準の復帰を初期目標とし、軽い体操やヨガ、ステップ運動や水中ウォーキングなどが用いられることがある。一定の水準まで回復した後、より負荷が高まるウォーキングやジョギング、筋力トレーニングなどに移行することになる。このように、目的に応じた運動の種類を適切に選択することが重要となる。運動を選択する際は、8 章のトレーニングの原理原則に基づき行うことが推奨される。運動の種類には、心肺機能の向上や全身の運動機能向上に効果がある有酸素運動、筋力向上や筋肥大を目的としたレジスタンストレーニング（筋力トレーニング）、関節可動域の拡大や柔軟性の向上を目的としたストレッチングなどが挙げられる。また、心肺機能の向上や筋力増進などの大きな効果は見込めないものの、散歩やハイキング、ボールゲームやレクリエーションなどの活動は、心身の向上に一定の効果があると考えられている [3]。

▷ 7-3　生活習慣病に対する運動療法
運動処方に似た言葉に運動療法がある。健康づくりや疾患の予防・改善のために運動を

することであることに変わりはないが、運動処方は個人に適した運動プログラムを提案することであり、運動療法は運動により障害や疾患の症状の改善、予防を図るために行う運動を指す。ここでは、生活習慣病を中心とした疾患の概要とそれらに対する有効な運動療法について概説する。

◉ 7-3-1　［肥満］

　肥満とは単に体重が多いことではなく、体の中に体脂肪が過剰に蓄積した状態と定義されている。肥満かどうかを簡易的に判断する基準の一つに BMI という体格指数がある。BMI を求める式は③の通りである。

　体重（kg）÷身長（m）÷身長（m）　……③

　この数値が 25 以上あると肥満 1 度、18.5 以上 25 未満だと普通体重、18.5 未満だと低体重とされている。海外では、25 以上で過体重、30 以上で肥満 1 度と定義されているため注意が必要である。BMI の理想数値は、統計的に最も病気になりにくいといわれている 22 である[4]。また、同じ体重でも、体脂肪の量が多いのか、筋肉量が多いのかなど体組成にも留意する必要がある。肥満になると、脂肪細胞が肥大し、アディポサイトカインと呼ばれるホルモンが多く放出され、血圧の上昇や血糖値の上昇、血栓ができやすくなるなど、悪影響を及ぼす（**図 7-3**）。

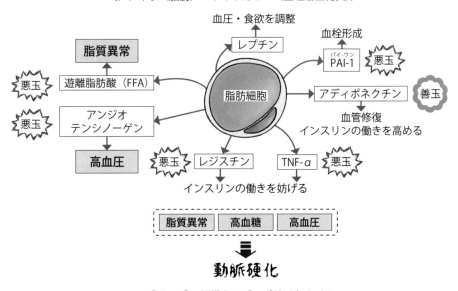

【図 7-3】　肥満とアディポサイトカイン

　また、肥満は、内臓のまわりに脂肪が蓄積する内臓脂肪型肥満と、下腹部、腰のまわり、太もも、おしりの皮下に脂肪が蓄積する皮下脂肪型肥満に分類される。内臓脂肪型肥満は男性や閉経後の女性に多くみられ、皮下脂肪型肥満は若い女性に多く見られる。内蔵脂肪型肥満は、糖尿病、高血圧などの合併症が発症しやすいといわれている。内臓脂肪は毎日のエネルギーの摂取と消費に敏感に反応し、脂肪を出し入れしている短期的なエネルギー貯蔵庫である。一方、皮下脂肪はエネルギーが必要になるときのための長期的な備えと考えられている。内臓脂肪はたまりやすいが燃焼しやすい、皮下脂肪はたまりにくく燃焼しにくいのが特徴的である。肥満を改善するためには、食事療法と運動療法を併用して行うことが最も効果的だが、ここでは運動について焦点をあてて話していく。肥満を改善するために運動を行う意義として、筋肉量減少の抑制、基礎代謝量の増加、リバウンド防止、体力の向上・維持が挙げられる。具体的な運動療法として、有酸素運動とレジスタンストレーニングの併用が挙げられる。**表7-4**のように、有酸素運動を実施する場合は、高強度の運動を短時間やるよりも、低・中強度の運動を長時間やることで効果が期待できる。レジスタンストレーニングの場合は、自重負荷によるトレーニングやチューブなどを使用したトレーニングを行うことで十分効果があるといわれている。

◉ 7-3-2　［2型糖尿病］

　糖尿病は、血糖値を下げるインスリンというホルモンが不足したり、働きが悪くなることで、血糖値を正常に保てず高血糖の状態になる病気である。高血糖が長期間続くと脳梗塞・心筋梗塞・失明・腎臓の機能低下などさまざまな合併症が惹き起こされる。

　現在、日本では糖尿病患者が増加しており、令和元年の国民健康・栄養調査によると、「糖尿病が強く疑われる者」の割合が男子で 19.7％、女性で 10.8％ と報告されている[5]。2型糖尿病は、糖尿病になりやすい遺伝性の性質と、食生活の欧米化、運動不足あるいはストレスといった生活習慣の乱れが原因とされている。高血糖状態が続き、インスリンの働きが悪くなると血糖値が高くなって発症する。2型糖尿病の場合、運動の効果は急性効果と慢性効果に分けられる。急性効果には、血液中のブドウ糖（グルコース）をエネルギー源として消費し、血糖値を下げることが挙げられる。食事後の運動は、食後の急激な血糖の上昇を抑え、また、速やかな低下につながる。慢性効果においては、数カ月の継続した運動によって、筋力がつき基礎代謝が高まるとともに、インスリンの効きが良くなるため、血糖が上がりにくく、血糖コントロールの改善に役立つといわれている。運動は、肥満と同様に有酸素運動に加えてレジスタンストレーニングが効果的である（**表7-4**）。2型糖尿病の場合、薬物治療により血糖コントロールをしている可能性があるため、低血糖状態にならないよう運動する時間などに十分に注意する必要がある。

【表7-4】　肥満、2型糖尿病に有効な有酸素運動の内容、時間

運動の種類	継続時間	備考
ウォーキング	30分～1時間	1日1万歩を目標
ジョギング	30分以上	膝や心臓の負担が大きいので注意
水泳（水中運動）	30分以上	ゆっくり長く泳ぐこと
エアロバイク	30～45分	天気がいい日は外でサイクリング

◉ 7-3-3　［脂質異常症］

　脂質異常症は、血液中に含まれるコレステロールや中性脂肪（トリグリセライド）などの脂質が、一定の基準よりも多い状態のことをいう。脂質異常症は、大きく分けて、LDL（悪玉）コレステロールが多いタイプの高LDLコレステロール血症、HDL（善玉）コレステロールが低いタイプの低HDLコレステロール血症、トリグリセライド（中性脂肪）が多いタイプの高トリグリセライド血症（TG血症）の3つに分類される。LDLコレステロールは、血液中でコレステロールを肝臓から末梢組織に運ぶ働きを持つ。しかし、LDLコレステロールは多すぎると血管の壁に入りこみ、動脈硬化を引き起こす要因となるため、悪玉コレステロールと呼ばれている。一方、HDLコレステロールは、血管壁の余ったコレステロールを肝臓へ戻す、すなわちコレステロールを回収する働きを持つ。動脈硬化を進行させないように働くため、善玉コレステロールと呼ばれている。脂質異常症改善のためには、トリグリセライド（中性脂肪）が低下し、HDL（善玉）コレステロールを上昇させることが重要となる。そのため、最適な運動は有酸素運動であるとされている。1日30分程度（1週間合計180分以上）、毎日行うのが理想的とされている。また、運動の強さは、心拍数は1分間あたり110～120程度を目安に、RPEは楽からややきついと感じる程度が推奨されている。

◉ 7-3-4　［メタボリックシンドローム］

　メタボリックシンドロームは、内臓脂肪型肥満に高血圧・高血糖・脂質代謝異常が組み合わさることによって、心臓病や脳卒中などになりやすい病態にあることを指す（図7-4）。メタボリックシンドロームと診断された人は死亡リスクが急上昇することが明らかになっている[6]。メタボリックシンドロームの人とそうでない人を12年間追跡した調査によると、メタボリックシンドローム群は、非メタボリックシンドローム群よりも心血管病や全ての原因による死亡率が高かったことが報告されており、メタボリックシンドロームは肥満のみの状態よりも危険な状態である。メタボリックシンドロームを改善するために効果的な運動は、肥満、糖尿病の運動療法とほぼ同じであるが、体をこまめに動かすことを習慣化することが必要となる。したがって、運動をするためのまとまった時間がとれない場合は、通学時には電車では1駅分、バスでは1停留所分を歩く、駅ではエレベーター

やエスカレーターよりも階段を使う、時間があるときはレジスタンストレーニングやストレッチを行うなど、工夫して活動量を増やすことが極めて重要となる。

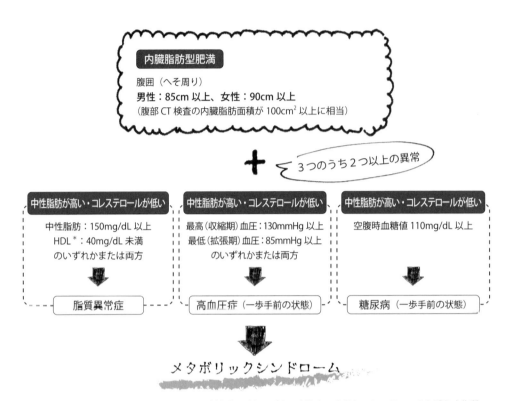

内臓脂肪型肥満

腹囲（へそ周り）
男性：85cm 以上、女性：90cm 以上
（腹部 CT 検査の内臓脂肪面積が 100cm² 以上に相当）

3つのうち2つ以上の異常

中性脂肪が高い・コレステロールが低い	中性脂肪が高い・コレステロールが低い	中性脂肪が高い・コレステロールが低い
中性脂肪：150mg/dL 以上 HDL＊：40mg/dL 未満 のいずれかまたは両方	最高（収縮期）血圧：130mmHg 以上 最低（拡張期）血圧：85mmHg 以上 のいずれかまたは両方	空腹時血糖値 110mg/dL 以上
脂質異常症	高血圧症（一歩手前の状態）	糖尿病（一歩手前の状態）

メタボリックシンドローム

＊ HDL：高比重リボタンパク。血液中の余分なコレステロールを減らす物質

【図 7-4】　メタボリックシンドロームの診断基準

◉ 7-3-5　［高血圧］

　高血圧とは、血圧が高い状態のことを指す。喫煙と並んで、生活習慣による死亡原因に最も大きく影響する要因だといわれている。高血圧自体に痛みなどの症状は感じないが、血圧が高いことによって、脳、心臓、腎臓などの重要な臓器に病変を起こす可能性がある。高血圧には、原因が特定できない本態性高血圧と、原因が明らかである二次性高血圧に分類される。本態性高血圧は、食塩の過剰摂取、肥満、飲酒、運動不足、ストレスや遺伝的体質などが組み合わさって起こると考えられており、高血圧の 95% は本態性高血圧である。血圧は**表 7-5** のとおりに分類されており、医療機関のみならず自宅でも血圧計を使用して測定が可能である。しかしながら、測定環境が医療機関もしくは自宅かによって、血圧が変化する場合があるので注意が必要である。高血圧も糖尿病と同様に複数の遺伝要因と環境要因により発症する多因子疾患である。遺伝因子として、レニン－アンジオテンシン系の遺伝子やナトリウム調節に係る遺伝子などの関与が示されている。環境因子

としては、食塩の過剰摂取、肥満、運動不足、アルコールの過剰摂取、喫煙などとの関連が示されている。中でも食塩の過剰摂取は主要な因子であり、過剰なナトリウムを腎臓で排泄できず、体内に溜まり、血圧が上昇すると考えられている。高血圧に有効な運動療法として、ウォーキング、サイクリング、水中運動といった有酸素運動が挙げられている。週に3～4日間、中強度で1回の運動時間は30～60分程度が効果的であるといわれている。運動療法によって10mmHg下げることが目標として挙げられているが、実際、有酸素運動により期待される降圧効果は、収縮期血圧で2～5mmHg、拡張期血圧で1～4mmHgと報告されている[7]。高血圧の場合、運動療法の対象者は**表7-5**で示した高血圧Ⅱ度以下の血圧値かつ、心血管病のない高血圧患者とされている。Ⅲ度以上の患者は薬物療法や食事療法で降圧後に運動療法を開始する必要があるため、十分なメディカルチェックが必要となる。

【表7-5】　成人における血圧値の分類

分類	収縮期血圧		拡張期血圧
正常血圧	＜120	かつ	＜80
正常高値血圧	120-129	かつ	＜80
高値血圧	130-139	かつ / または	80-89
Ⅰ度高血圧	140-159	かつ / または	90-99
Ⅱ度高血圧	160-179	かつ / または	100-109
Ⅲ度高血圧	≧180	かつ / または	＜90

7-3-6　［虚血性心疾患］

虚血性心疾患は心臓病の一種であり、心筋に血液、酸素を供給している冠動脈が狭くなったり、閉塞したりすることで血流障害を起こす病気で、急性あるいは慢性の経過で発症する病態のことをいう。虚血性心疾患は、狭心症と心筋梗塞に分けられる。狭心症は、虚血時間（臓器や組織に流入する血液の量が必要量に比し著しく減少した状態）が短く器質的心筋障害（諸器官に損傷を受けて起きる障害）を残さずに回復する。一方、心筋梗塞は、虚血時間が長く心筋壊死を起こして不可逆的な障害を残す。虚血性心疾患の主な原因は、動脈硬化である。動脈硬化は、喫煙、運動不足、過度なストレスによる肥満、糖尿病、高血圧そして脂質異常症が原因となって生じる。虚血性心疾患に有効な運動療法として、ウォーキング、ジョギング、サイクリングといった有酸素運動が挙げられる。内容や頻度は高血圧の運動療法とほぼ同じであるが、心臓病の運動療法の目的の一つに運動耐容能（最大酸素摂取量）の増加が挙げられる。そのため、運動強度は上述した主観的運動強度（**表7-3**）の11（楽である）～13（ややきつい）程度に設定することが推奨されている。

◉ 7-3-7　［脳卒中］

　脳卒中とは、意識障害、片麻痺、頭痛が突発的に起こる症候をいい、脳梗塞、脳出血、くも膜下出血などが原因で発症する疾患である。脳卒中にはさまざまな症状がある。代表的な症状として、半身（体の右、または左半分）の手足が麻痺して力が入らなくなる片麻痺が挙げられる。こうした症状が原因で日常生活に支障をきたすことがある。そのため、従来の日常生活を取り戻すためのリハビリテーションが必要になる。リハビリテーションは、身体の麻痺による歩行機能や四肢・体幹の運動機能、日常生活動作（ADL）の改善・維持、合併症の予防を目的として実施される。運動療法は脳卒中発症後の早期から導入され、患者の状態に応じて段階的に進められる。今まで概説してきた運動療法とは異なり、急性期ではベッドサイドでリハビリを開始し、ポジショニングや体位変換、関節可動域訓練などを中心に行われる。全身の状態が安定すれば、座位訓練やベッド・車椅子間の移乗訓練、起居動作訓練、立位訓練、歩行訓練などを行う。関節可動域訓練、筋力増強訓練、持久力増強訓練、協調性訓練なども同時に行われる場合がある。

◉ 7-3-8　［呼吸器系］

　呼吸器系疾患の代表的な疾患に、慢性閉塞性肺疾患がある（Chronic Obstructive Pulmonary Disease: COPD）。COPD は、タバコの煙を主とする有害物質を長期に吸入曝露することなどにより生じる肺疾患であり、呼吸機能検査で気流閉塞を示す。COPD の症状は、風邪ではないのにもかかわらず、せきやたんが続くことが特徴である。病状はゆっくりと進行していき、次第に歩行や階段の昇り降りなどの軽い動作をする際にも、息切れや息苦しさを感じるようになる。さらに進行すると呼吸困難になり、日常生活に支障をきたす。重症になると呼吸不全に陥ったり、全身に障害が現れたりする場合もある。COPD の最大の原因は喫煙であり、喫煙者の 15 〜 20 ％が COPD を発症すると報告されている。タバコの煙を吸入することで肺の中の気管支に炎症が起き、せきやたんの症状があらわれ、気管支が細くなることによって空気の流れが低下する。また、気管支が枝分かれした奥にある肺胞が破壊されて、酸素の取り込みや二酸化炭素を排出する機能が低下する。また、COPD の患者は、筋量・筋力・筋持久力の低下、疲れやすいなどの機能異常を示すことがある。COPD の運動療法の目的は、呼吸困難の軽減、運動耐容能の改善、健康関連 QOL の改善、不安・抑うつの改善、四肢筋力と筋持久力の改善など多岐にわたる。運動療法も、全身持久力を高めるための有酸素運動、筋力向上のためのレジスタンストレーニング、そして呼吸機能を改善するために口すぼめ呼吸や腹式呼吸などのトレーニングも推奨されている（図 7-5）。有酸素運動については、ウォーキング、自転車エルゴメーター、トレッドミルが推奨されており、運動の強度は、低強度から中強度、1 回の運動時間は 15 〜 30 分間で、週 3 〜 5 日行うことが望ましいといわれている。レジスタンストレーニングの内容として、運動強度は、最大強度の 30 〜 90 ％、回数は 8 〜 12 回、セット数は 2 〜 4 セット、運動頻度は週に 2 〜 3 日が推奨されている。特に、足腰の筋肉を

重点的に鍛えることで筋力の維持・改善を図り、外出時などの息苦しさや息切れ、疲労感の軽減と改善が期待できる。強度の設定は、患者の症状や筋力の状態を十分に把握したうえで実施する必要がある。

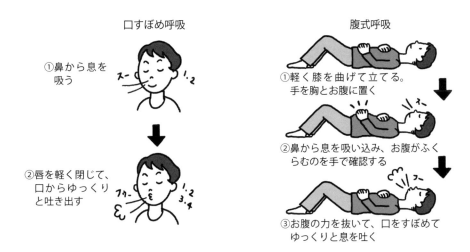

口すぼめ呼吸

①鼻から息を吸う

②唇を軽く閉じて、口からゆっくりと吐き出す

腹式呼吸

①軽く膝を曲げて立てる。手を胸とお腹に置く

②鼻から息を吸い込み、お腹がふくらむのを手で確認する

③お腹の力を抜いて、口をすぼめてゆっくりと息を吐く

【図7-5】　COPDに効果的な呼吸リハビリテーションの一例

◉ 7-3-9　[がん]

　わが国における死因の第一位を維持しているがんは、細胞の核の中にある遺伝子が傷ついて起こる疾患である。複数の遺伝子に変異が生じて増殖し続けるようになった異常な細胞をがん細胞という。がん細胞の発生には、細胞を増殖させるアクセルの働きをするがん遺伝子と、細胞増殖を停止するブレーキの働きをするがん抑制遺伝子の2つの遺伝子グループが関わっている。国立がん研究センターなどによる研究グループが、日本人を対象として実施されたがん治療に関する研究によると、身体活動や適正体重の維持といった要因が、日本人のがんリスクの低減に役立つ可能性があることを報告した[8]。また、術後のリハビリに運動療法を取り入れることで、弱った筋肉や運動機能を回復させて、より早期の社会復帰や、がんの再発リスクを低下させる効果も期待できる。身体活動によってリスクを下げられるがんには、特に大腸がんと乳がんが挙げられる。また、その他のがんについても、男性であれば結腸がん、肝がんや膵がん、女性であれば胃がんについて、運動が発生リスクを下げると考えられているが、未だ明らかになっていないことが多い。ここでは、がんを予防するために有効だと考えられている運動について紹介する。がん予防のための運動には、有酸素運動（ウォーキング、早歩き、ランニング）が有効で、毎日、30〜60分間実施することが推奨されている。また、国立がん研究センターやアメリカのがん学会は、テレビやパソコンなど座ったり、横になったりする時間をできるだけ減らし、日常生活を活動的に過ごすことを推奨している。

● 7-3-10　［認知症］

　認知症とは、一度正常に発達した「記憶」「学習」「判断」などの脳の知的・認知機能が、後天的な脳の障害によって持続的に低下し、日常生活や社会生活に支障をきたす状態をいう。認知症は、要介護の原因の一位にもなっている。認知症は、アルツハイマー型認知症のように脳神経細胞が変性することにより起こる変形性認知症と、脳梗塞や脳出血などの脳血管障害により起こる脳血管性認知症に分類される。加齢や認知症の症状により、徐々に身の回りの動作が行えなくなると、筋力低下、心肺機能の低下、持久性・耐久性の低下、関節可動域の低下などが起こる。身体機能が低下すると、日常生活動作がますます困難となり、寝たきりへと進行する。それに加え、転倒のリスクも高くなり、骨折や怪我の原因となることや、関節拘縮（関節が正常な範囲で動かなくなってしまった状態）を起こす可能性も高くなる。認知症に対する運動の効果については、10 分間の軽運動でも実行機能課題成績が向上することや、音楽に合わせて体操を行うことで視空間認知能力が有意に改善することが報告されている [9]。運動療法の種類には、有酸素運動以外に、レジスタンストレーニング、関節可動域訓練、ストレッチング、協調運動（複数の動作を 1 つにまとめて行う）、歩く立つ座るなどの基本動作練習などが挙げられている。

▷ 7-4　フレイル、ロコモティブシンドローム、サルコペニアの位置づけと概要

　超高齢社会のわが国において、平均寿命のみならず、健康上の問題で日常生活が制限されることなく生活できる期間である健康寿命を延伸することが大きな課題である。2019 年の調査によると、平均寿命と健康寿命の差は女性で 12.06 年、男性で 8.73 年と報告されている [10]。これは、介護を必要とする期間が 10 年近くあり、この期間が長いということは本人だけでなく、家族の心身の負担、医療費の圧迫などさまざまな問題に直結する。健康寿命を阻害する要因は、長期間にわたる乱れた食生活や運動不足、過剰な飲酒・喫煙、生活習慣病の罹患、ストレスなどさまざまである。そして、健康寿命を阻害する大きな要因となっているのがサルコペニア、ロコモティブシンドローム、フレイルといった運動器疾患である。本節では、それぞれの症状と改善・予防方法について概説する。

　サルコペニアはギリシャ語で筋肉を表す「sarx（sarco：サルコ）」と喪失を表す「penia（ペニア）」を合わせた言葉である。加齢に伴って筋肉量が低下したり、加齢や運動不足などによって握力や体幹など全身の筋力が低下することに加え、筋肉量や筋力が低下し、全身の身体機能が低下する状態のことをいう。サルコペニアになると、生活の質（Quality of Life: QOL）の低下、転倒、骨折、それによって寝たきりのリスクが増加するといわれている。主な原因は、活動性の低下や低栄養であり、現在有効な薬物治療がないことから、運動指導及び栄養指導が対策の中心となっている。サルコペニアの診断基準は、Asian Working Group for Sarcopenia 2019（AWGS2019）に基づいている（図 7-6）。サルコペニアを筋肉の力、機能、量という 3 つの指標によって判定する。筋力は握力にて判定し、

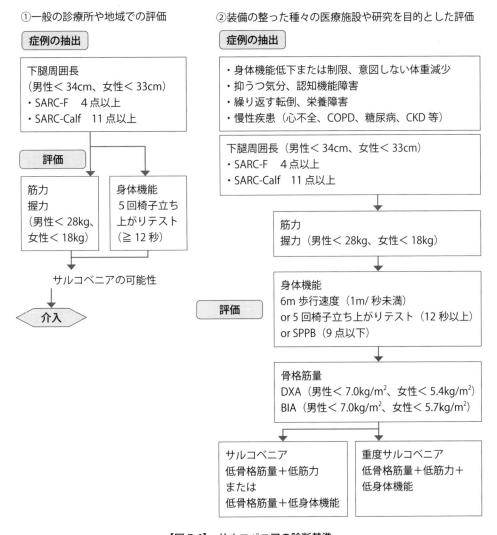

①一般の診療所や地域での評価

症例の抽出

下腿周囲長
（男性＜ 34cm、女性＜ 33cm）
・SARC-F　4 点以上
・SARC-Calf　11 点以上

評価

筋力
握力
（男性＜ 28kg、
女性＜ 18kg）

身体機能
5 回椅子立ち
上がりテスト
（≧ 12 秒）

サルコペニアの可能性

介入

②装備の整った種々の医療施設や研究を目的とした評価

症例の抽出

・身体機能低下または制限、意図しない体重減少
・抑うつ気分、認知機能障害
・繰り返す転倒、栄養障害
・慢性疾患（心不全、COPD、糖尿病、CKD 等）

下腿周囲長（男性＜ 34cm、女性＜ 33cm）
・SARC-F　4 点以上
・SARC-Calf　11 点以上

筋力
握力（男性＜ 28kg、女性＜ 18kg）

評価

身体機能
6m 歩行速度（1m/ 秒未満）
or 5 回椅子立ち上がりテスト（12 秒以上）
or SPPB（9 点以下）

骨格筋量
DXA（男性＜ 7.0kg/m^2、女性＜ 5.4kg/m^2）
BIA（男性＜ 7.0kg/m^2、女性＜ 5.7kg/m^2）

サルコペニア
低骨格筋量＋低筋力
または
低骨格筋量＋低身体機能

重度サルコペニア
低骨格筋量＋低筋力＋
低身体機能

【図 7-6】　サルコペニアの診断基準

　筋肉の機能は、歩行速度、5 回椅子立ち上がりテスト、Short physical Performance Battery（バランステスト、歩行テスト、椅子からの立ち上がりテストの 3 つで構成されたテスト）のいずれかで判定する。筋肉の量は生体電気インピーダンス法（BIA 法）もしくは二重エネルギーX 線吸収法（DXA 法）という 2 種類の方法によって計測することができる。これらの方法によって両腕と両脚の筋肉量を算出し、この腕と脚の筋肉量を身長（m^2）で補正した値を骨格筋指数（SMI）と呼ぶ。サルコペニアの判定には、筋肉の量が低下していることが必須条件となり、筋肉の力と機能のいずれかが低下している場合にサルコペニア、両方ともに低下している場合に重症サルコペニアと判定される。また、筋肉の衰えを測る簡易的な測定方法として、両手の親指と人さし指で輪をつくり、ふくらはぎの一番太い部分を囲む指輪っかテストなども推奨されている。

　ロコモティブシンドロームは、運動器を意味するロコモティブ（Locomotive）に、症候群を意味するシンドローム（Syndrome）を併せた言葉だが、日本で生まれた言葉、概念のため、サルコペニアや後述するフレイルに比べると海外での認知度は未だ低い。ロコモティブシンドロームという名称が長いため、ロコモとも呼ばれる。先ほどのサルコペニアは、筋肉の虚弱が主の症状となるが、ロコモティブシンドロームは運動器症候群とも呼ばれ、身体活動に関わる骨、筋肉、関節、神経などの総称である運動器の障害によって、移動機能が低下した状態である。例えば、立つ歩くといった歩行機能やバランス機能の低下、移動だけでなくトイレや更衣、入浴などさまざまな日常生活に支障をきたす状態のこともロコモティブシンドロームの症状に該当する。ロコモティブシンドロームも、QOLの低下や転倒、骨折、特にサルコペニアに比べて全身の機能が低下するので寝たきりのリスクがより高まった状態ともいえる。日本整形外科学会は、ロコモティブシンドロームの判断基準の一つとして、ロコモ度テストを推奨している。ロコモ度テストは、立ち上がりテスト、2ステップテスト、ロコモ25の3つからなり、1つでも基準を満たすとロコモの危険性がある状態といえる（図7-7）。

ロコモ度判定方法

（出典：ロコモチャレンジ！推進協議会）

> 移動機能の状態は「立ち上がりテスト」、「2ステップテスト」、「ロコモ25」、各テストの結果から確認する。
> 各テストの結果が「ロコモ度1」「ロコモ度2」「ロコモ度3」のどの段階に該当するかを調べる。
> 該当したロコモ度のうち、最も移動機能低下が進行している段階を判定結果とする。どの段階にも該当しない人はロコモではない。

ロコモ度テスト① 立ち上がりテスト	どちらか一方の脚で40cmの台から立ち上がれないが、両脚で20cmの台から立ち上がれる	両脚で20cmの台から立ち上がれないが、30cmの台から立ち上がれる	両脚で30cmの台から立ち上がれない
ロコモ度テスト② 2ステップテスト	2ステップ値が1.1以上1.3未満	2ステップ値が0.9以上1.1未満	2ステップ値が0.9未満
ロコモ度テスト③ ロコモ25	ロコモ25の結果が7点以上16点未満	ロコモ25の結果が16点以上24点未満	ロコモ25の結果が24点以上

いずれか1つでもあてはまる場合 **ロコモ度1** 移動機能の低下が始まっている状態である。筋力やバランス力が落ちてきているので、ロコトレ（ロコモーショントレーニング）をはじめとする運動を習慣づける必要がある。また、十分なタンパク質とカルシウムを含んだバランスのとれた食事をとるように気を付ける。	いずれか1つでもあてはまる場合 **ロコモ度2** 移動機能の低下が進行している状態である。仮に現在は生活に支障を感じていなくても、生活に支障が出てくる可能性が高くなっている。特に痛みを伴う場合は、何らかの運動器疾患が発症している可能性もあるので、整形外科専門医の受診をおすすめする。	いずれか1つでもあてはまる場合 **ロコモ度3** 移動機能の低下が進行し、社会参加に支障をきたしている状態である。自立した生活ができなくなるリスクが非常に高くなっている。何らかの運動器疾患の治療が必要になっている可能性があるので、整形外科専門医による診療をおすすめする。

定期的にロコモ度テストを行い、移動機能の状態をチェックしよう

【図7-7】　ロコモティブシンドローム　ロコモ度テストの方法と診断基準

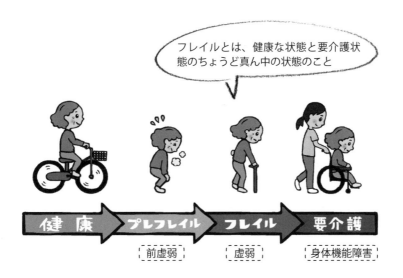

フレイルとは、健康な状態と要介護状態のちょうど真ん中の状態のこと

健　康	プレフレイル	フレイル	要介護
	前虚弱	虚弱	身体機能障害

【図 7-8】　健康から要介護までの過程　フレイルの立ち位置

　フレイルは 1960 年代から欧米において frailty（虚弱・老衰）という言葉で知られ、老年医学の分野において重要な課題として取り上げられてきた。サルコペニアやロコモティブシンドロームは身体機能の低下を示していたが、フレイルは、多面的な問題を含んでおり、身体的側面、精神・心理的側面、社会的側面における脆弱性を含む概念といわれている。日本老年医学会は、「加齢に伴う予備能力低下のため、ストレスに対する回復力が低下した状態」と提唱している[11]。図 7-8 に示したとおり、健康な状態と要介護状態の中間にある状態である。寝たきりのリスクに加え、うつ病などの精神疾患のリスクも増加してしまう。フレイルが進行し一度要介護状態になると、健康な状態に戻ることは困難だが、フレイルの状態であれば、生活習慣を改善することで健康な状態に戻すことも可能だといわれている（図 7-8）。フレイルの診断基準には統一された基準がないものの、Fried らの Phenotype model（表現型モデル）などが代表される。このモデルは、加齢に伴って現れる身体機能の衰退徴候をとらえる考え方で、①体重減（shrinking）、②握力低下（weakness）、③易疲労感（exhaustion）、④歩行速度の低下（slow-ness）、⑤日常生活活動度の減少（low activity）のうち、3 項目以上該当した場合はフレイル、1～2 項目に該当した場合はプレフレイルと定義している。この 5 項目のうちの 2 項目は、サルコペニアの診断基準で用いられている握力低下と歩行速度低下である。すなわち、フレイルに関わる各指標や要素は悪循環や連鎖を形成しているが、その中でも特にサルコペニアとそれに伴う筋力低下が中心的な要素となる（図 7-9）。フレイルの危険因子には、生活習慣（偏った食事や運動不足）、身体的因子（全身の疼痛、難聴、ビタミン D 不足など）、心理的因子（意欲低下、抑うつなど）、環境因子（配偶者のフレイルなど）、各種疾患など、さまざまな因子が挙げられる。

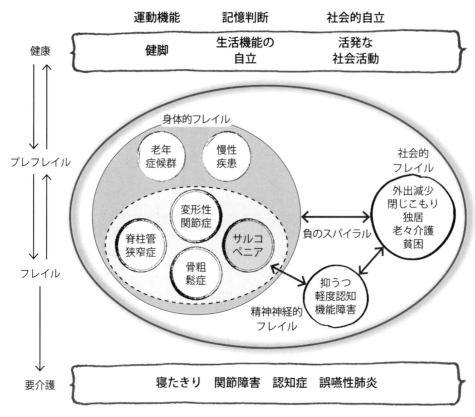

【図 7-9】 フレイル、ロコモティブシンドローム、サルコペニアの関係

7-5 高齢者の健康問題と運動療法

加齢に伴い、個々の細胞やすべての臓器で変化が起こり、機能面や外見も変化する。加齢による筋力・骨量の低下は、さまざまな障害や疾患の原因となる。筋肉量と筋力は20～30歳をピークに、その後は生涯減少する傾向にある。これは、運動不足や筋肉の発達を刺激する成長ホルモンとテストステロンの量が減少することが原因で生じる。また、速筋線維の方が遅筋線維より多く失われるため、筋肉は素早く収縮できなくなる。それにより、運動機能の低下や怪我のリスクが高まる。本節では、超高齢社会における運動器の健康づくりについて概説する。

介護を要する人口は増え続けており、2021年の時点では680万人に達している[12]。介護が必要（要介護・要支援状態）となった原因としては、2016年以降は認知症が第1位となり、18.1％を占めているが、詳細を見れば、第4位の骨折・転倒（13％）、第5位の関節疾患（11％）という2つの運動器の障害の割合の合計は24％となり、第1位の認知症をしのいでいる。この傾向は、要支援の原因でみると、さらに顕著である。すなわち、健康寿命の延伸を阻害する要因として運動器の障害が最も頻度が高いことが示され

ている。筋力、筋量の加齢による変化は男性の方が大きいが、女性はもともとの筋力、筋量が少ないことに加え、閉経後に女性ホルモンのエストロゲンが減少することで急激に筋量や骨量が減少する。事実、骨粗鬆症や運動器疾患の罹患率は男性に比べて女性に多い [13]。このように、高齢者における運動器の障害を予防・改善することは、寝たきりの生活を予防するうえで最も重要な因子といえる。近年、高齢者の機能評価として、高齢者総合機能評価（CGA）が臨床現場で広く使用されるようになっている。CGA は、日常生活活動動作（Activity of Daily Living: ADL）、手段的 ADL（IADL）、認知機能、情緒・気分・幸福度、コミュニケーション、社会的環境を基本構成成分としている。

　上述したサルコペニア、ロコモティブシンドローム、身体的フレイルも含めた運動器疾患、及び運動器の障害を予防するために継続的な運動は有効な手段といえる。しかし、高齢者の中には身体機能や体力が著しく低下している人、加えて、認知症などの精神疾患者や予備軍もいて、中強度運動以上の運動プログラムを実施する際に安全が確保できない場合も多い。そのため、高齢者に対する運動療法はメディカルチェックなどを実施し、安全が確保されたうえで、個人に適した運動を実施することが最も重要となる。骨格筋量や筋力の向上には筋力トレーニングなどのレジスタンス運動が、

【表 7-6】　ACSM が高齢者に推奨している運動ガイドライン

	有酸素運動	レジスタンストレーニング
運動頻度	中強度　週 5 日以上 高強度　週 3 日以上 中強度と高強度の併用 週 3 〜 5 日	週 2 日以上
運動強度	主観的運動強度 3 〜 4　中強度 5 〜 6　高強度	非常に軽い〜やや重い
運動時間	1 回 10 分を最低とし、 中強度で 30 〜 60 分 高強度で 20 〜 30 分 中強度と高強度の併用 30 分以上	8 〜 10 種類の運動 8 〜 12 回を 1 〜 3 セット
運動様式	ウォーキング ジョギング 自転車エルゴメーター 水中運動	大筋群（大腿四頭筋など）を 使った階段昇降 自重トレーニング

ADL 向上や転倒予防にはさまざまな運動を取り入れたプログラムが有用である。また、ACSM が健康づくりのために高齢者に推奨した運動療法は、ウォーキングのような過度な負担がかからないもの、体重がかかる活動に制限がある人は水中運動や自転車エルゴメーターが適しているものとし、運動時間や頻度は成人のための運動のガイドラインとほぼ同じとなっている（**表 7-6**）。運動には、身体機能のみならず、認知機能や精神的側面、QOL の改善といったさまざまな効果が報告されているが、一時の運動でそれらの効果が得られるわけではない。これまでの報告によると、12 週間のレジスタンス運動を行い、その後 24 週間運動をしない期間を設けると、運動をした 12 週間は筋力や骨格筋量の増量が認められたが、休止をし始めた最初の 12 週間で効果は半減、24 週間後には骨格筋量や筋力が実験前に戻り効果が消失していた [14]。このように、運動器の健康を維持するためには、継続して運動を行うことが極めて重要となる。一方で、運動を実施する際には、その日の体調や症状に応じて運動を中止・中断をする必要がある。中止基準はいくつか設

【表 7-7】 土肥・アンダーソン基準（運動中止基準）

Ⅰ. 運動を行わない方がよい場合
1. 安静時脈拍数 120/分以上
2. 拡張期血圧（最低血圧）120mmHg 以上
3. 収縮期血圧（最高血圧）200mmHg 以上
4. 労作性狭心症を現在有するもの
5. 新鮮心筋梗塞 1 カ月以内のもの
6. うっ血性心不全の所見の明らかなもの
7. 心房細動以外の著しい不整脈
8. 運動前すでに動悸、息切れのあるもの

Ⅱ. 途中で運動を中止する場合
1. 運動中、中等度の呼吸困難、めまい、嘔気、狭心痛の出現
2. 運動中、脈拍数が 140/分を超えた場合
3. 運動中、1 分間 10 個以上の期外収縮が出現、または頻脈性不整脈あるいは徐脈が出現
4. 運動中、収縮期血圧 40mmHg 以上または拡張期血圧 20mmHg 以上上昇

Ⅲ. 次の場合は運動を一時中止し回復を待って再開する
1. 脈拍数が運動時の 30% を超えた場合、但し、2 分間の安静で 10% 以下に戻らない場合は、以後の運動は中止するかまたは極めて軽い労作に切り替える
2. 脈拍数が 120/分を超えた場合
3. 1 分間に 10 回以下の期外収縮が出現した場合
4. 軽い動悸、息切れを訴えた場合

けられているものの、最も広く用いられているのは「土肥・アンダーソンの基準」である（**表7-7**）。また、熱中症、脱水症状、低血糖などにも十分注意して運動を実施する必要がある。

文献

1) Wasserman Karlman, Hansen James E, Sue Darryl Y, Stringer William W. Whipp Brian J. Principles of Exercise Testing and Interpretation: Including Pathophysiology and Clinical Applications, 4th Edition. *Med Sci Sports Exerc.* 37(7); 1249. 2005.
   10.1249/01.mss.0000172593.20181.14

2) Haskell WL, Lee I-M, Pate RP, Powell KE, Blair SN, Franklin BA, Macera CA, Heath GW, Thompson PD, Bauman A. Physical activity and public health: updated recommendation for adults from the American College of Sports Medicine and the American Heart Association. *Circulation.* 2007. 116:000-000.

3) Teresa Liu-Ambrose, Janice J Eng. Exercise training and recreational activities to promote executive functions in chronic stroke: a proof-of-concept study. *J. Stroke Cerebrovasc. Dis.* 24(1); 130-137; 2015.

4) Tokunaga K, et al., Ideal body weight estimated from the body mass index with the lowest morbidity. *Int J Obes.* 15(1); 1-5; 1991.

5) 厚生労働省『令和元年国民健康・栄養調査報告』159-162 頁（2019）

6) Isao Saito, Hiroyasu Iso, Yoshihiro Kokubo, Manami Inoue, Shoichiro Tsugane. Metabolic Syndrome and All-Cause and Cardiovascular Disease Mortality Japan Public Health Center-Based Prospective (JPHC) Study. *Circ J.* 73(5):878-84; 2009. 10.1253/circj.cj-08-1025.

7) Robert H Eckel, John M Jakicic, Jamy D Ard, Janet M de Jesus, Nancy Houston Miller, Van S Hubbard, I-Min Lee, Alice H Lichtenstein, Catherine M Loria, Barbara E Millen, Cathy A Nonas, Frank M Sacks, Sidney C Smith Jr, Laura P Svetkey, Thomas A Wadden, Susan Z Yanovski, Karima A Kendall, Laura C Morgan, Michael G Trisolini, George Velasco, Janusz Wnek, Jeffrey L Anderson, Jonathan L Halperin, Nancy M Albert, Biykem Bozkurt, Ralph G Brindis, Lesley H Curtis, David DeMets, Judith S Hochman, Richard J Kovacs, E Magnus Ohman, Susan J Pressler, Frank W Sellke, Win-Kuang Shen, Sidney C Smith Jr, Gordon F Tomaselli; American College of Cardiology/American Heart Association Task Force on Practice Guidelines. 2013 AHA/ACC guideline on lifestyle management

to reduce cardiovascular risk: a report of the American College of Cardiology/ American Heart Association Task Force on Practice Guidelines. *Circulation*. 24;129; S76-99. 2014. 10.1161/01.cir.0000437740.48606.d1.

8) Lauby-Secretan B, Scoccianti C, Loomis D. Body Fatness and Cancer — Viewpoint of the IARC Working Group. *N Engl J Med*. 375:794-798; 2016. 10.1056/ NEJMsr1606602.

9) Nicole L. Spartanoa,b,*, Serkalem Demissiec, Jayandra J. Himalib,c,d, Kimberly A. Dukesc,e,Joanne M. Murabitob,f, Ramachandran S. Vasanb,g, Alexa S. Beiserb,c,d, Sudha Seshadr. Accelerometer-determined physical activity and cognitive function inmiddle-aged and older adults from two generations of the Framingham Heart Study. *Alzheimer's & Dementia: TRCI*. 5; 618-626. 2019. https://doi.org/10.1016/ j.trci.2019.08.007.

10) 厚生労働省「健康寿命の令和元年値について」（2021）

11) 日本老年医学会『フレイルに関する日本老年医学会からのステートメント』（2014）

12) 厚生労働省「令和2年度介護保険事業状況報告」（2021）

13) 一般社団法人骨粗鬆症学会『骨粗鬆症の予防と治療ガイドライン2015年版』（2015）

14) Astrid Zech, Michael Drey, Ellen Freiberger, Christian Hentschke, Juergen M Bauer, Cornel C Sieber, Klaus Pfeifer. Residual effects of muscle strength and muscle power training and detraining on physical function in community-dwelling prefrail older adults: a randomized controlled trial. *BMC Geriatr*. 12:68. 2012. 10.1186/1471-2318-12-68.

競技力向上

▷ *8-1* 競技力とは

　競技力とは、「競技を遂行する能力」を意味している（朝岡、2017、p.66）。また猪飼（1968、p.291）は、「競技力というのは、スポーツの記録を出す能力であり、演技を遂行する能力であり、また攻撃し防御する能力である。それらは１つの目的のために集約された遂行能力であり、performance といわれるものに相当する」と説明している。つまり競技力というのは、「競技」において「成績」や「記録」を出すために必要な能力で、「パフォーマンス」と置き換えることができる。そしてその競技力（パフォーマンス）は、個々において、体力、技術、戦術だけでなく、心的能力や環境等を踏まえた外的諸条件、才能や体質といった内的諸条件が関わり、さまざまな要素から構成された複合体とみなされている（**図8-1**）。

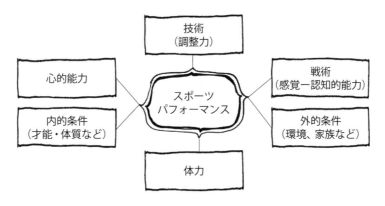

【図8-1】　スポーツのパフォーマンスを構成している要素（グロッサー・ノイマイヤー、1995）

　球技スポーツでは、幅広いグループ戦術が高度なチーム戦術につながり、それはチーム戦略として競技力（パフォーマンス）につながっていく。

　そしてグループ戦術の土台となる個々の個人技能は、基礎的運動能力と密接に関わっている（図8-2）。さらに、球技スポーツや対人スポーツの場合には、個々の能力だけでなく、相手との関係や相性、チーム内の人間関係なども関わってくることも考慮しなければならない（図子、2013）。

　このように競技力（パフォーマンス）というものは、体力と技術と戦術だけでなく、あらゆる要因によって左右されるということを認識しておく必要がある。

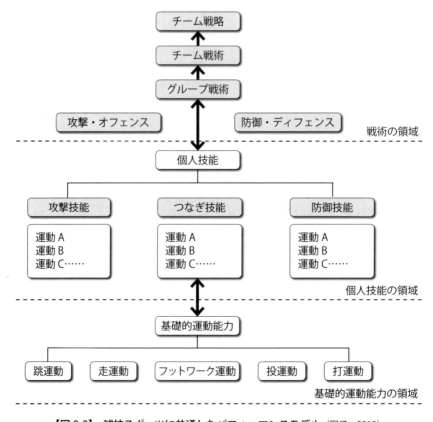

【図 8-2】　球技スポーツに共通したパフォーマンスモデル（図子、2013）

▷ 8-2　トレーニングとは

　スポーツパフォーマンス（競技力）とは単一事象によって構築されるものではなく、多数の要因が複雑に絡み合い、有機的に影響しあってひとつのシステムとして構築される（図子、2013）。Harre（1982）はトレーニングについて「トレーニングという言葉はいろ

いろな意味に用いられるが、広義的にはヒトの身体的、精神的、知的または機械的パフォーマンスを速やかに増す目的で行われる組織化された教授法」と定義している。つまりトレーニングとは、体力要素だけに限ったものではなく、競技力を向上させるために行うあらゆる要素を組み合わせた行動、考え方の総称であるといえる。全身的、多角的で調和の取れた身体的能力、あらゆる場面で発揮することができる洗練されたスキル、より良い健康状態、さらには、試合などで受けるストレスに対処することなど、あらゆる能力を向上させることがトレーニングの目的となる。

　またトレーニングを行う上で、最も重要なことは目標設定である。目標を設定するにあたり、図子（2013）は、①実現可能性、②時間資源、③個別性と構造性、④発達段階などに配慮しながら、現状を正確に把握し、未来を見据えて目標を設定する必要があるとしている。目標は高すぎず低すぎないものを設定し、いつまでにその目標を達成するのかを設定する必要がある。また、目標を達成するためには選手個人個人によって課題や手段は異なるため、個々の特性に配慮し、あわせて個々の発育段階にも配慮しながら目標を設定する必要がある。

　トレーニングの目標が設定されたら、あらゆる課題を解決するためにトレーニング手段を選択していくことになる。トレーニング手段には、特に体力、技術、戦術の要素が挙げられるが、これらは相互に密接に関係しながら、パフォーマンス（競技力）の向上・発揮に関わっている。

▷8-3　トレーニングの原理・原則

◉8-3-1　トレーニングの原理

　トレーニングということが成り立つのは、生体に適応能力があるからである。定期的に運動やトレーニングといった刺激を身体に与えることによって、その刺激に適応しようとして身体が強化される。これは科学的知識に基づいた身体の普遍的変化である。トレーニングを行う上では、以下の3つの原理を知っておく必要があり、これらの原理に基づいて、トレーニングを計画し行わなければならない。

①オーバーロードの原理：トレーニングによってその効果を得るためには、トレーニングで用いる3条件（強度・時間・頻度）が、ある一定以上のものでなければならない。つまり、トレーニングにより身体に与える刺激が、ある一定以上の負荷でなければトレーニングの効果を得ることはできない。このオーバーロードの原理は、「過負荷の原理」ともいわれている。

②可逆性の原理：トレーニングによって得た筋力や持久力などは、トレーニングを中断・中止をすると、次第に元の状態に戻る。このようにトレーニングによって一度獲得されたトレーニング効果は、トレーニングをやめてしまうと次第に元の身体へと戻ってしまう。

③特異性の原理：トレーニングの効果は、運動の種類や運動の方法によって異なる。した

がって、目的に沿ったトレーニングを選択しなければ、正しいトレーニングの効果を得ることはできない。

◉ 8-3-2 トレーニングの原則

目標を達成するためには、以下の5つのトレーニングの原則に基づき、適切なトレーニングを実施する必要がある。これらのトレーニングの原則は、競技スポーツを行うアスリートのみならず、一般の人が健康のためのトレーニングを行う上でも必要な基本的事項である。

①全面性の原則：トレーニングは全身をバランスよく、全面的な能力の発達を目指すことが望ましい。特にトレーニングの初期段階（ジュニア時代）において重要な原則となっている。

②意識性の原則：自身が掲げた目標に向かって、実施するトレーニングの目的と方法、さらにその効果を理解した上でトレーニングを行わなければならない。積極的な意識を持たず、目的もないままトレーニングを行っても、それはトレーニングにならない。トレーニングの意味や内容を十分理解した上でトレーニングを行う必要がある。

③漸進性の原則：トレーニングを継続して行なっていくと、初めはきついと感じていたものが徐々に楽に感じるようになってくる。これはトレーニング効果が生じているということになるが、そのままのトレーニング条件（強度・時間・頻度）で続けていても、それ以上のトレーニング効果は得られなくなってくる。そこで、さらなるトレーニング効果を得るには、オーバーロードの状態を維持するためにトレーニングの量や質を漸進的に増やしていく必要がある。

④反復性の原則：トレーニングの効果を得るためには、定期的・継続的にトレーニングを繰り返し行う必要がある。トレーニングの回数が少なかったり、トレーニングを行う期間が短いと十分なトレーニング効果は得られない。

⑤個別性の原則：トレーニングは性別、年齢、体力、健康状態など、個人の特性を理解した上で構成されなければならない。そのため個々に合った運動の種類、強度、時間、回数・頻度などを十分考慮した上で、トレーニングを処方する必要がある。

▷ 8-4 超回復

トレーニングを行うと、身体は疲労する。身体が疲労すると、身体諸機能のレベルは低下する。しかし、その後回復のための適切な休息を取ると、疲労によって低下していた身体諸機能はトレーニング前のレベルを超え、トレーニング効果が表れた状態となる。これを超回復という（図8-3）。この超回復が起こった状態でさらに適切なトレーニングとその後の回復を行えば、より効率的にトレーニング効果を得ることができる。つまりパフォーマンスの向上につながるのである。このようにトレーニングと回復をうまく配置したトレーニング計画を実行すれば、身体諸機能は図8-3a のように右肩上がりに改善され、パ

フォーマンス向上に良い影響を与える。対して、**図 8-3b** のようにトレーニング後の回復期間が不十分な状態でトレーニングを繰り返し行ってしまうと、身体諸機能は右肩下がりに低下し、オーバートレーニングとなり健康を損ねてしまう場合もある。

　トレーニングを行う上では、トレーニングの種類や強度だけでなく、適切な休息をうまく配置したトレーニング計画が重要となる。

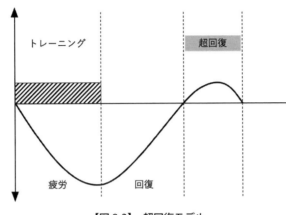

【図 8-3】　超回復モデル

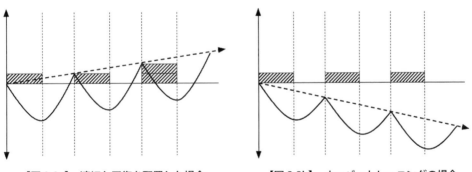

【図 8-3a】　適切な回復を配置した場合　　　【図 8-3b】　オーバートレーニングの場合

8-5　競技力向上のための体力トレーニング

　競技力を向上させるためには、さまざまな要素を複合的にトレーニングしていく必要があるが、その中でも体力トレーニングは高い競技力を達成するために最も重要な要素の一つである。体力レベルが高ければ、技術は高度なものとなり、戦術の質も高いものとなる。また十分な体力があれば疲労もしにくくなり、安定した技術と戦術の発揮により、安定したパフォーマンスの発揮につながる。つまり体力トレーニングは全てのトレーニングの基礎となる。

　体力には、筋力、パワー、全身持久力、筋持久力、スピード、柔軟性などが挙げられる。

それらを向上させるための体力トレーニングは、トレーニングの種類、強度、継続時間など、可変的なさまざまな条件を設定することが必要となるが、特異性の原理に基づいて目的に沿ったトレーニングを選択し負荷を設定していかなければならない。

◉ 8-5-1　筋力

筋力とは、筋肉が収縮するときに発揮する能力のことである。その収縮のタイプは筋肉が長さを変えずに力を発揮する等尺性収縮（アイソメトリック）と、筋肉を伸ばしたり縮めたりしながら力を発揮する等張性収縮（アイソトニック）に分けられる。また等尺性収縮（アイソメトリック）は、筋肉が縮みながら力を発揮する短縮性収縮（コンセントリック）と筋肉が伸ばされながら力を発揮する伸張性収縮（エキセントリック）に分けられる（図 8-4）。

【図 8-4】　筋収縮の種類

筋力は筋の横断面積と筋の動員率、また筋繊維組織比率（速筋と遅筋）によって規定される。そのため筋力の向上には、筋肥大と筋力発揮に関与する運動単位の増加が必要となる。

① RM（repetition maximum）：筋力トレーニングを行う上で、トレーニングの強度と反復回数（継続時間）を適切に設定するために用いられる指標として RM（repetition maximum）がある。RM とは最大反復回数のことである。そして 1RM を最大挙上重量（最大で 1 回しか持ち上げることのできない強度）といい、一般的にはこれを最大筋力として扱っている。

② 筋力トレーニングの実際：筋力を高めるためには、バーベルやダンベルなどを使ったウエイトトレーニングなどのレジスタンストレーニングが有効である。ただし、目的に応じた負荷（重量）と強度（回数など）を設定する必要がある。**表 8-1**（石井、1999）は最大挙上重量（1RM）を基準として筋力トレーニングにおける負荷強度とその効果を表したものである。高重量で反復回数が 1 ～ 3 回くらいの低回数では、運動単位の動員能力の向上につながる神経系の効果が期待でき、最大筋力の向上が、中重量で 4 ～ 15 回繰り返すと筋肥大により筋力の向上が期待できる。また軽い重量で 15 ～ 60 回と高回数行うと筋持久力の向上が期待できる。

【表 8-1】　筋力トレーニングにおける負荷強度・反復回数とその効果（石井、1999）

最大筋力（1RM）に対する割合（%）	最高反復回数	期待できる主な効果
100	1	集中力（神経系）
90	3 ～ 4	
80	8 ～ 10	筋肥大・筋力
70	12 ～ 15	
60	15 ～ 20	筋持久力（最大敏捷に行えば
50	20 ～ 30	パワートレーニング）
1/3	50 ～ 60	

◉ 8-5-2　パワー

　パワーとは、「力（筋力）×スピード」で表され、速い動きの中で大きな力を発揮する能力のことである。実際のスポーツ場面では、力とスピードを同時に発揮する場合がほとんどであり、パワーはスポーツにとって非常に重要な要素である。最大筋パワーは最大筋力の約 30％で出現する。

①SSC 運動（stretch-shortening cycle）：SSC 運動とは、伸張―短縮サイクル運動のことで、主運動の前に準備動作（予備動作）を入れ、筋―腱に弾性エネルギーを蓄えて、蓄えられた弾性エネルギーを主運動時に利用してより大きなパワーを発揮する動きのことである。垂直跳びをするときに腕を振って膝を曲げて力を溜めた後、一気にジャンプするという一連の流れがそれにあたる。

②パワー向上トレーニングの実際：パワーを向上させるためのトレーニングには、軽めのバーベルなどを速いスピードで反復したり、メディシンボールを投げたり、ドロップジャンプやリバウンドジャンプといったジャンプ系のトレーニングが挙げられる。これらの素早い切り返し動作と、その動作を繰り返し行うトレーニングはプライオメトリクスと呼ばれ、パワー向上に大きな効果が期待できるトレーニングの 1 つである。

◉ 8-5-3　全身持久力

　全身持久力とは、全身を使った運動を長く続ける能力のことである。陸上競技の長距離走やマラソン、トライアスロンやクロスカントリースキーなどにおいて重要な能力となる。また、サッカーやバスケットボールといった球技系のスポーツにおいても求められる能力であり、そのパフォーマンスに強い影響を及ぼす。全身持久力を向上させるためには、運動に必要な酸素を筋肉に送るための呼吸循環器系の機能と、その酸素を利用する機能の向上が重要となる。

①最大酸素摂取量（VO_2max）：全身持久力を代表する指標として、最大酸素摂取量が挙げられる。最大酸素摂取量とは、1 分間あたりに体内に取り込まれる酸素の最大量のことで、体重 1kg あたりの相対量（㎖/kg/分）で示すことが多い。

②全身持久力向上トレーニングの実際：全身持久力を向上させるためのトレーニングとしては、L.S.D（long slow distance）などの持久性トレーニング、運動と不完全休息を交互に繰り返すインターバルトレーニング、あらかじめ設定された全力あるいは全力に近い強度で運動し、疲労が回復するまで休息をとりながら、高強度の運動を繰り返すレペティショントレーニング、6～12種目で構成された一連の運動種目を休息なしに行うサーキットトレーニングなどがある。特にサーキットトレーニングについては、比較的どんな場所でも実施ができ、さまざまな種目を一気に行うため短時間での効率的な実施につながり、飽きずに興味を持って実施することができる。

◉8-5-4　筋持久力

筋持久力とは、筋肉が強い収縮を何度も繰り返したり、比較的大きな力を長く発揮し続ける能力のことである。スポーツには、サッカーやバスケットボールのように短いダッシュを何度も繰り返したり、テニスのストロークのような同じ動作を何度も繰り返したりする競技が多く見られる。これらのような競技において、ゲーム中の安定したパフォーマンスの発揮や、練習を長く続けるためにも重要な能力の1つである。筋持久力の向上のためには、筋肉へ酸素を運搬する能力を増大させることが必要であり、筋肉の毛細血管を増加させることが重要となる。

○筋持久力向上のトレーニングの実際：筋持久力を向上させるためには、筋肉の毛細血管数を増加させることが重要であるが、そのためには、低・中程度の負荷による最大反復回数あるいはそれに見合う持続時間での負荷強度が最も効果的である（表8-2）。

【表8-2】筋力ー筋持久力の連続帯 （Sharkey, 1997 を改変）

	筋力	短時間（無酸素）の筋持久力	中程度時間の筋持久力	長時間の筋持久力
目的	最大筋力	重負荷での短い（2~3分）耐性	中程度負荷の耐性	軽負荷の耐性
処方	6~8RM 3セット	15~25RM 3セット	30~50RM 2セット	100RM 以上 1セット
改善されるもの	・収縮タンパク（アクチンとミオシン） ・ATP と CP ・結合組織	・多少の筋力アップと無酸素的代謝（解糖）	・筋持久力と無酸素的代謝 ・多少の筋力アップ（非鍛錬者）	・有酸素系の酵素 ・ミトコンドリア ・筋の酸素摂取量と脂質利用能力
改善されないもの	・筋の酸素摂取量 ・筋持久力	・筋の酸素摂取量		・最大筋力

◉8-5-5　スピード

スポーツにおけるスピードには、① speed（スピード）、② agility（アジリティ）、

③ quickness（クイックネス）の３つが挙げられる。スピードトレーニングは、この３つの頭文字を取って SAQ トレーニングと呼ばれている。speed（スピード）は直線的な移動のスピードのことで、走るや泳ぐなどのスピードを指す。agility（アジリティ）は敏捷性のことで、素早い方向転換や動作の切り替え、さまざまな方向への素早い移動を指す。quickness（クイックネス）とは反応の速さのことで、目や耳からの刺激に反応して素早く動作を起こすことなどを指す。

①スピードトレーニングの目的：スピードには競技、ポジション、実際の競技場面等によって、要求されるスピードの性質が異なる。したがって、スピードトレーニングを行う前に、どういった性質のスピードを向上させるか目的をはっきりさせることが重要である。またスピードの向上にあたっては、コアストレングスも大きな影響を及ぼす。

②スピード向上トレーニングの実際：スピードを向上させるためには、ラダートレーニングやミニハードルを使ったトレーニングによって筋肉のコントロールに関する反射を鍛えたり、不規則にバウンドするボールを用いて臨機応変に素早く動いたり、コーンを設置してその間をさまざまなステップ動作等で素早く切り替えして移動するなどのトレーニングが挙げられる。

◉ 8-5-6　柔軟性

柔軟性とは、関節の可動域の大きさのことであり、関節可動域は骨、関節包、靭帯などの構造的な要素と、筋肉や腱などの機能的な要素により決まる。また柔軟性は、いわゆる身体の柔らかさと動きの柔らかさに分けることができる。

○柔軟性向上トレーニングの実際：柔軟性を向上するための代表的なトレーニングはストレッチである。ストレッチには、目的とする筋肉を痛みのない範囲でゆっくり伸ばすスタティックストレッチと、軽く反動をつけながらリズミカルな動きを伴って行うダイナミックストレッチがある。スタティックストレッチは過度に実施すると瞬発力等が低下するという報告もあるため、競技前のウォーミングアップではダイナミックストレッチを取り入れることが望ましい。

⚐ 8-6　トレーニング計画

　競技スポーツにおいてトレーニングを計画的に行うことは、目標設定とともに重要なことの一つである。競技スポーツにおける最大の目的は、目標とする試合で最高の競技成績を達成することにあるが、それに向けて適切なトレーニング計画を作成することが求められる。目標が設定され、あらゆる課題を解決するためのトレーニング手段が選択できたら、トレーニング計画の作成を行っていくことになる。一般的にトレーニングの効果が表れるのは 4 〜 12 週間後、筋力トレーニングの場合は 8 〜 12 週間後とされている（伊藤、2017）。こうしたトレーニング効果を十分に得た上で、競技力を向上していくためには綿密に計画された長期プログラムを作成することが必要となる。

◉ 8-6-1　ピリオダイゼーション

トレーニング計画を作成していく上で基礎となるのがピリオダイゼーションである。これは期分けともいわれ、1年間を準備期、試合期、移行期の3つの周期に分けたものである。この3つに分けた期ごとに、それぞれのトレーニング課題に応じた内容のトレーニングを実施していくこととなる。

①準備期：準備期は試合に向けたトレーニング期のことで、一般的準備期と専門的準備期の2つに分けられる。一般的準備期ではウエイトトレーニングなどを行うなど、一般的体力の向上を目指す。専門的準備期では専門種目の強化を主の目的として、より競技に即した身体能力の改善を目指す。

②試合期：試合期は準備期で身につけた一般的・専門的体力を維持し、コンディショニング、戦術のチェック、完成された技術の発揮ができるよう、パフォーマンスの安定化を図る時期である。基本的には練習量を減らして試合に向けてのピーキングを行うが、一般的体力が低下することがないように、試合の間にはトレーニングの質を高くして高強度のトレーニングを行う必要がある。

③移行期：移行期は一般的にはシーズンオフと呼ばれる時期で、長いトレーニングと試合による身体的・精神的疲労から回復を目指す期間である。またシーズンの反省を行い、次シーズンに向けた次の準備期トレーニングのために備える時期でもある。また、怪我などの故障がある場合は、この時期にしっかりと治療しておくべきである。

◉ 8-6-2　トレーニング計画の構成例（ミクロサイクル）

競技スポーツで目標とする試合で最高の競技成績を達成するために、トレーニングユニット（1つのトレーニング課業）を組み立てるのだが、それらのトレーニングユニットをトレーニング効果と回復過程を考慮して周期的なサイクルを作成していく。その中で最小のまとまりとなり、日々のトレーニングを実践する上で基本となるのがミクロサイクルである。ミクロサイクルは通常1週間単位で作成される。**表8-3**に1週間のトレーニング計画を作成する際の構成モデルを示した。最適なトレーニングの刺激と最善のトレーニング効果を得るために、1つのトレーニングユニット内、またミクロサイクル内のトレーニング構成は、スピード・調整力、筋力・スピード持久力、筋持久力・全身持久力、回復の順で配列されるべきである。

⚑ 8-7　陸上競技のトレーニング実践例

トレーニングの実践例として、陸上競技跳躍種目（棒高跳）における専門的準備期でのトレーニングモデルを**表8-4**に示した。これは陸上競技・棒高跳におけるトップレベル競技者が実際に行っていたトレーニング計画である。

【表 8-3】陸上競技跳躍種目用ミクロサイクルモデル（村木、1994 を改変）

A. 一般的準備期でのミクロサイクルモデル（ジャンプ種目の例）

ミクロ構成	月	火	水	木	金	土	日
トレーニングユニットの数	1	2	2	2	1	1	1
負荷の総量	大	最大	大	中	小	小	最小
量	中	大	最大	中	中	小	
強度	大	最大	中	大	小	小	
トレーニングユニットの主たる方向・内容	技術スピード調整力	ジャンプ系筋力スピードジャンプ系持久	ジャンプ系筋力パワースピード持久	一般筋力調整力スピード持久	一般運動（ゲーム）一般持久	積極的回復運動	休養
局面	活動局面			発展局面		積極的回復・休養	

B. 専門的準備期でのミクロサイクルモデル（ジャンプ種目の例）

ミクロ構成	月	火	水	木	金	土	日
トレーニングユニットの数	1	2	2	1	1	2	1
負荷の総量	中	最大	最小	中	中	大	最小
量	小	大	最大	最小	最大	大	小
強度	大	最大	中	最小	大	大	最小
トレーニングユニットの主たる方向・内容	技術スピード調整力	ジャンプ系筋力スピードジャンプ系持久	調整力一般的パワースピード持久	積極的回復	ジャンプ系筋力調整力スピード	一般的パワー調整力スピード持久	一般持久積極的回復
局面	活動局面			発展局面		積極的回復・休養	

【表 8-4】陸上競技跳躍種目における専門的準備期トレーニングモデル
(著者の 2010 年トレーニング計画から抜粋)

サイクル	日付	曜日	強度	行事	トレーニング課題	トレーニング手段	備考
ミクロサイクルⅠ（中）	3月1日	月	休		休養		
	2	火	中		基本技術	スプリント・ドリル	
					スピード	ビルドアップ60m×10本	
					一般的パワー	負荷走50m×5本	
					ジャンプ系パワー	バウンディング100m×5本	
					一般的筋力(all out)	WT(ベンチ・クリーン・フルスクワット) 85%max×3set	
	3	水	強		基本技術	スプリント・ドリル	
					スピード持久力	テンポ走 300m×10本(努力度80%)	
					一般的筋力(all out)	WT(ベンチ・クリーン・ハーフスクワット) 85%max×5set	
					解緊運動	軽いバウンディング 等	
	4	木	休		休養		
	5	金	中		基本技術	スプリント・ドリル(負荷付き)	
					スピード	助走練習(最大下努力度)	
					一般的パワー	負荷走50m×5本	
					ジャンプ系パワー	ミックスバウンディング50m×10本	
	6	土	強		基本技術	スプリント・ドリル	
					跳躍基本技術	跳躍ドリル	
					一般的筋力(all out)	WT(ベンチ・クリーン・フルスクワット) 85%max×5set	
	7	日	強		基本技術	スプリント・ドリル	
					跳躍基本技術	助走練習(最大下努力度)	
					技術	跳躍練習	
					スピード持久力	テンポ走100m×30本(100m:13sec.)	
ミクロサイクルⅡ（強）	8	月	休		休養		
	9	火	中		基本技術	スプリント・ドリル	
					スピード	ビルドアップ60m×10本	
					一般的パワー	負荷走50m×5本	
					ジャンプ系パワー	バウンディング100m×5本	
					一般的筋力(all out)	WT(ベンチ・クリーン・フルスクワット) 85%max×5set	
					解緊運動	軽いバウンディング 等	
	10	木	休	沖縄合宿	休養		
	11	水	中		基本技術	スプリント・ドリル	
					技術	助走練習、跳躍練習	
					最大下疾走	ウェーブ走120m×4本	
					一般的筋力	補強	
	12	金	強		基本技術	スプリント・ドリル	
					跳躍基本技術	跳躍ドリル	
					一般的パワー	負荷走50m×5本	
					ジャンプ系パワー	ミックスバウンディング50m×10本	
					一般的筋力	補強	
	13	土	強		基本技術	スプリント・ドリル	
					技術	助走練習、跳躍練習(軽く)	
					スピード持久力	テンポ走 100m×10本(100m:13sec.)	
					一般的筋力(all out)	WT(ベンチ・クリーン・フルスクワット) 85%max×3set	
	14	日	休		休養		
ミクロサイクルⅢ（強）	15	月	中		基本技術	スプリント・ドリル	
					技術	助走練習、跳躍練習	
					最大下疾走	ウェーブ走120m×4本	
					一般的筋力	補強	
	16	火	中		基本技術	スプリント・ドリル	
					跳躍基本技術	跳躍ドリル	
					一般的パワー	負荷走50m×5本	
					ジャンプ系パワー	ミックスバウンディング50m×10本	
					一般的筋力	補強	
	17	水	強		基本技術	スプリント・ドリル	
					技術	助走練習、跳躍練習	
					スピード持久力	テンポ走 200m×5本(努力度80%)	
	18	木	休		休養		
	19	金	休		休養		
	20	土	中		基本技術	スプリント・ドリル	
					スピード持久力	テンポ走 100m×20本(100m:13sec.)	
					一般的筋力(all out)	WT(ベンチ・クリーン・フルスクワット) 85%max×3set	
	21	日	強		基本技術	スプリント・ドリル	
					スピード持久力	テンポ走 300m×10本(努力度80%)	
					一般的筋力(all out)	WT(ベンチ・クリーン・ハーフスクワット) 85%max×5set	

サイクル	日付	曜日	強度	行事	トレーニング課題	トレーニング手段	備考
ミクロサイクルⅣ（中）	3月29日	月	休			休養	
	30	火	中		基本技術	スプリント・ドリル	
					スピード	ビルドアップ60m×10本	
					跳躍基本技術	助走練習（最大下努力度）・跳躍ドリル	
					ジャンプ系パワー	バウンディング100m×5本	
					一般的筋力(all out)	WT（ベンチ・クリーン・フルスクワット）85%max×3set	
	31	水	強		基本技術	スプリント・ドリル	
					スピード持久力	テンポ走 300m×8本（努力度80%）	
					一般的筋力(all out)	WT（ベンチ・クリーン・ハーフスクワット）85%max×5set	
					解緊運動	軽いバウンディング等	
	4月1日	木	休			休養	
	2	金	中		基本技術	スプリント・ドリル（負荷付き）	
					スピード	助走練習（最大下努力度）	
					一般的パワー	負荷走50m×5本	
					ジャンプ系パワー	ミックスバウンディング50m×10本	
	3	土	強		基本技術	スプリント・ドリル	
					跳躍技術	跳躍練習	
					一般的筋力(all out)	WT（ベンチ・クリーン・フルスクワット）85%max×5set	
	4	日	強		基本技術	スプリント・ドリル	
					跳躍基本技術	助走練習（最大下努力度）・跳躍ドリル	
					スピード持久力	テンポ走 100m×30本（100m:13sec.）	
ミクロサイクルⅤ（強）	5	月	休			休養	
	6	火	中		基本技術	スプリント・ドリル	
					スピード	ビルドアップ60m×5本	
					跳躍基本技術	助走練習（最大下努力度）・跳躍ドリル	
					ジャンプ系パワー	シャトルバウンディング100m×5本	
					一般的筋力(all out)	WT（ベンチ・クリーン・フルスクワット）85%max×5set	
	7	水	強		基本技術	スプリント・ドリル	
					スピード持久力	テンポ走 300m×10本（努力度80%）	
					一般的筋力(all out)	WT（ベンチ・クリーン・ハーフスクワット）85%max×5set	
					解緊運動	軽いバウンディング等	
	8	木	休			休養	
	9	金	中		基本技術	スプリント・ドリル（負荷付き）	
					スピード	助走練習（最大下努力度）	
					一般的パワー	負荷走50m×5本	
					ジャンプ系パワー	ミックスバウンディング50m×10本	
	10	土	強		基本技術	スプリント・ドリル	
					跳躍技術	跳躍練習	
					一般的筋力(all out)	WT（ベンチ・クリーン・フルスクワット）85%max×5set	
	11	日	強		基本技術	スプリント・ドリル	
					跳躍基本技術	助走練習（最大下努力度）・跳躍ドリル	
					スピード持久力	テンポ走 100m×30本（100m:13sec.）	
ミクロサイクルⅥ（中）	12	月	休			休養	
	13	火	中		基本技術	スプリント・ドリル	
					スピード	SD30×5本	
					跳躍基本技術	助走練習（最大下努力度）・跳躍ドリル	
					ジャンプ系パワー	ハードルジャンプ・ハードル運動	
					一般的筋力(all out)	WT（ベンチ・クリーン・フルスクワット）85%max×3set	
	14	水	強		基本技術	スプリント・ドリル	
					スピード持久力	テンポ走 200m×5本（努力度90%）	
					一般的筋力(all out)	WT（ベンチ・クリーン・ハーフスクワット）85%max×5set	
	15	木	休			休養	
	16	金	休			休養	
	17	土	中		基本技術	スプリント・ドリル	
					跳躍技術	跳躍練習（試合形式）	
					一般的筋力(all out)	WT（ベンチ・クリーン・フルスクワット）85%max×5set	
	18	日	中		基本技術	スプリント・ドリル	
					跳躍基本技術	助走練習（最大下努力度）・跳躍ドリル	
					スピード持久力	ウェーブ走120m×5本	
ミクロサイクルⅦ（中）	19	月	軽		基本技術	スプリント・ドリル	
					一般的筋力	WT（ベンチ・クリーン・ハーフスクワット）85%max×1set	
	20	火	強		基本技術	スプリント・ドリル	
					跳躍技術	跳躍練習（短・中助走）	
					スピード持久力	ウェーブ走120m×3本	
	21	水	休			休養	
	22	木	刺激		基本技術	スプリント・ドリル	
					跳躍技術	跳躍練習	
					一般的筋力	WT（ベンチ・クリーン・ハーフスクワット）90%max×3set	
	23	金	休			休養	
	24	土	刺激			刺激	
	25	日	休			休養	
ミクロサイクルⅧ（弱）	26	月	刺激			刺激	
	27	火	休			休養	
	28	水	刺激			刺激	
	29	木	中	試合		現時点に於ける跳躍技術の確認・試合運営の練習	
	30	金	休			休養	
	5月1日	土	休			休養	
	2	日	休			休養	

文献

朝岡正雄 他（編）／日本コーチング学会編集『コーチング学への招待』大修館書店（2017）66 頁

ボンパ／尾縣貢 他訳『競技力向上のトレーニング戦略』大修館書店（2006）

Harre, D., *Principles of sports training.* Sportverlag, Berlin（1982）

猪飼道夫「生理学からみた体力と技術」体育の科学（1968）291-294 頁

石井直方『レジスタンストレーニング』ブックハウス HD（1999）

伊藤マモル『スポーツトレーニング理論』日本文芸社（2017）

村木征人『スポーツ・トレーニング理論』. ブックハウス HD（1994）

ノイマイヤー／朝岡正雄 他訳『選手とコーチのためのスポーツ技術トレーニング』大修館書店（1995）

大阪体育大学体力トレーニング教室編『トレーニングの理論と実際』大修館書店（2015）

高松薫『体力トレーニング論』大修館書店（2019）

横浜市スポーツ医科学センター編『スポーツトレーニングの基礎理論』西東社（2017）

図子浩二「トレーニング論Ⅱ／トレーニング理論と方法論」『公認スポーツ指導者養成テキスト共通科目Ⅲ』日本スポーツ協会（2013）

スポーツとスポーツ医学

9-1　運動とスポーツ

　運動とは、身体を動かすことをいう。一方スポーツとは、一定のルールのもとで競技を行うことである。日本スポーツ協会が昭和61年5月に制定したスポーツ憲章には、「第1条 スポーツの意義と価値」として、「スポーツは、自発的な運動の楽しみを基調とする人類共通の文化である。生涯を通じて行われるスポーツは、豊かな生活と文化の向上に役立ち、人々にとって幸福を追求し、健康で文化的な生活を営む上で不可欠なものである。さらにスポーツは、人々が自主的、自発的に行うことを通じて、望ましい社会の実現に貢献するという社会的価値を有する」と記されている。つまりスポーツの本質は、人生を楽しく、健康的で生き生きとしたものにするために、勝利を追及したり、あるいは自分のペースで楽しんだりなど、誰もが自由に身体を動かし、自由に観戦し、自由に楽しめるものといえる。スポーツの現場は、学校体育や健康スポーツ、レクリエーションスポーツ、競技スポーツに分類される。スポーツをする上で最も重要なことは"ルールとフェアプレー精神を守る"、"定められた決まりやマナーに従う"、"自ら考え、勝敗に関わらず他者を尊重し、勇気を持って誠実に全力を尽くす"というスポーツマンシップである。

　競技スポーツの世界では、勝てばとても嬉しく楽しいが、そのための練習や激しいトレーニングはとてもきつい。そしてどんなに頑張っても勝てるとは限らず、むしろ上手くいかなかったり敗れたりすることの方が圧倒的に多い。なぜなら、優勝者以外は必ず負けるからである。しかしこのスポーツにおける「負け」という体験こそ、人生においてとても大切なことなのである。スポーツで「失敗、敗退、挫折」を経験し、次にそれをどう乗り越えるか、どうしたら上手くいくか、どうやって克服するかを自ら考え、課題を明確にして、解決策を考案し、トレーニングや練習方法などを練り直して実行することができるように

なる。いわゆる PDCA サイクルを実践する能力が身に付き、これはスポーツ以外の社会生活でも多いに役立つこととなる。このように競技スポーツは、心身の健全な成長や発達が促されるだけでなく、勝敗を超えたかけがえのない深い絆など、人生をとても豊かにしてくれる素晴らしい文化である。

▷ 9-2 スポーツ科学とトップアスリート

科学とは、現状を把握し、起きている現象における不具合の原因を究明し、対応策を検討・計画し、そしてそれを実践してみて、その結果を数値化・見える化して再度評価する、という過程の繰り返しといわれている。現代社会においては、科学技術の発展とともに何でも合理的かつ簡易的にしてしまう風潮がある。医療分野においては電子カルテ、オンライン診療、ロボット手術などがまさに進歩の証でもあるが、スポーツの世界では必ずしもこの「合理的」が「効果的」であるとは限らない。

数々のギネス世界記録を達成した某有名プロ野球選手は、3000 本安打の時に「僕は日米通算 3000 本安打を達成したけど、6000 回以上の失敗があります。失敗からたくさんのことを学んで欲しい」、「4000 の安打を打つには、8000 回以上悔しい思いをしてきた」とコメントしている。また「僕は天才ではありません。なぜかというと、自分がどうしてヒットを打てるかを説明できるからです」「やってみて "ダメ" と判ったことと、はじめから "ダメだ" と言われたことは違います」「何かをしようとした時、失敗を恐れないでやってください。失敗して負けてしまったら、その理由を考えて反省してください。必ず、将来の役に立つと思います」とも言っている。まさしく "反省的実践家" の代表選手といえる。

このようにトップレベルのアスリートは、自分のことをよく理解している選手が多い。しかも調子が良いとか悪いというような漠然とした主観的感覚ではなく、測定データや科学的な知見に基づいた客観的な評価で自分の状態を把握しようとし、また新しい知識や方法、技術に対しても貪欲に自分のものにしたがる。そのような意識の高い選手は、ケガをした時の対応や治療に対する姿勢も一流であり、リハビリテーションやトレーニング方法、コンディショニングや私生活に関してまで自分をきちんとコントロールしている。そしてさらに自分の技術や能力、パフォーマンスを向上させるための方法まで修得している。スポーツを科学的に理解することは、決してプロやトップ選手に限ったことではなく、すべてのスポーツ選手に要求されるべき心がけといえる。

▷ 9-3 スポーツは身体にとってストレス

スポーツやトレーニングは、実は身体にとってストレスでもある。特に激しいスポーツは、生体の内部環境を崩すほどの大きな刺激となるが，実際には倒れることなく競技を継続することができる。これは，運動刺激によるストレスに応じてホルモンが分泌され、筋肉や心臓、呼吸器といった身体の各器官や細胞の働きが調節され、筋細胞が増殖（筋肥大）したり、脂肪組織が分解されたりするからである。このようにわれわれの身体はさまざ

なストレスに打ち勝つために「適応」し、筋力、筋パワー、持久力、スキル、そして競技レベルが向上する。ただし、競技レベルが上がるほど、あるいは一生懸命練習やトレーニングをすればするほど、身体へのストレスも大きくなるため、ケガや故障のリスクも高まってしまう。よってスポーツとケガ・故障は切っても切れない深い関係なのである。

◉ 9-3-1　スポーツによるケガと故障は全く違う

よくプロ野球のピッチャーが引退時のコメントで、「長年、肩のケガに悩まされていた」とか、「慢性的な肘のケガでベストな状態に戻れなかった」という話を耳にするように、スポーツニュースなどではアスリートの「ケガ」と「故障」がしばしば同じ意味で報道されている。しかし、スポーツ医学の分野では、スポーツ活動中のケガをスポーツ外傷、スポーツに起因した故障をスポーツ障害と表現し、厳格に区別している。野球肩や野球肘は「ケガ」ではなく「故障」つまりスポーツ障害であり、またタックルや転倒により受傷した靱帯断裂や骨折などは「ケガ」つまりスポーツ外傷である。

例えば野球選手で肩を痛めたピッチャーのA君と野手のB君が整形外科を受診したとする。二人とも肩が痛い、挙上できない、ボールを投げられないという症状がほとんど同じで、両者の診察所見、レントゲンやMRI検査所見も同様であり、「腱板損傷」と診断された。しかしいつからどうして肩が痛くなったのかを詳細に聞くと、ピッチャーA君は数カ月まえから、恐らく投げ過ぎによるのでは、という。一方B君は、昨日の試合中、ランナーでホームベースにヘッドスライディングした時にキャッチャーと交錯し、その際に右肩を強く捻ったとのことであった。つまり、両者の病態や診断名は同じであっても、実際に肩痛の原因は全然違うため、当然治療方針も全く異なってくる。B君は「ケガ」なので、損傷を受けた腱板が治癒すれば、受傷前と同じく元通りにプレーすることができる。しかしピッチャーのA君は、仮に手術で損傷した腱板が修復されたとしても、元々の原因である「肩に負担がかかる、解剖学的に悪い投球フォーム」が改善されなければ、必ず肩痛は再発する。だから野球肩や野球肘は、手術したからといってフォーム改善がなされなければ、復帰できないのである。

▷ 9-4　スポーツとスポーツ医学

スポーツに起因したケガ・故障は、痛みを発している部位やその症状が同様であっても、発生原因や受傷機転が多種多様であり、病態や重症度も個人差がとても大きく、場合によっては選手生命にも影響を及ぼす。スポーツ医学とは、人体の構造や機能に関する医学的知識をベースに、スポーツ外傷やスポーツ障害の診断、治療、リハビリテーション、予防などを研究する学問である。しかし、これだけ進歩してきた近代スポーツ医学の最新知見と技術をもってしても、未だ完全にスポーツ外傷・障害をなくすことは難しい。よって、大事な試合の時にケガや故障でベストパフォーマンスが発揮できなかったり、試合そのものに出場できなかったりということをよく耳にする。その理由としては、多くのアスリート

は勝利のために日々トレーニングを積み重ね、筋力増強や心肺機能・持久力の向上に励んでいるが、競技レベルの向上に伴いトレーニングや練習が激しくなり、同時に疲労の蓄積も加わることで、ケガや故障のリスクが増大するからである。特に1ミリ単位の記録を争っているトップアスリートにとっては、さらなる競技力アップは至難の技であり、常にケガや故障と隣り合わせになっている。

　そのためスポーツ選手のほとんどがケガ・故障をしない身体作りを希望する。しかしスポーツでケガ・故障をしないというのは、前述の如くどんなに最先端の科学的トレーニングや最新の医療技術をもってしても不可能である。とはいうものの、多くのメダリストは常にベストコンディションで大会に臨めている。それはなぜか。トップアスリートは運動能力や試合技術がトップレベルなだけでなく、スポーツ医科学的な知識も豊富であり、自身の身体のことはもちろん、スポーツ外傷・障害についても非常に詳しく理解しているからである。スポーツ外傷・障害には特徴があり、競技種目別の特異性も古くからたくさん報告され、多くの著書もあるため、各スポーツ競技において好発するスポーツ外傷およびスポーツ障害について、どのような疾患があるのか、それぞれの発生原因、頻度、特徴、病態などをしっかりと把握し理解することで、どうしたらそのようにならないか、必然的に発生リスクの軽減や重症化対策および予防方法も身に付けることができる。

◉9-4-1　スポーツ外傷とは

　練習や試合中に、骨や関節・靱帯・筋肉に対して急激に大きな力が働いて、骨折や脱臼あるいは断裂といった外傷を負った場合を「スポーツ外傷」といい、いわゆる「ケガ」のことを指す。自動車に例えると、アスリートがラリーカーで、スポーツ医学は修理やメンテナンス部門、スポーツ外傷は衝突事故による「破損＝損傷」である。よってクルマの破損箇所を修理や交換すれば、再び元通り問題なく走れるように、ケガで損傷した部分の治療がなされればスポーツ復帰が可能となるため、再発予防対策はそれ程重要視されていないのが現状である。

（1）代表的なスポーツ外傷

　部位別の代表的なスポーツ外傷を図9-1に示す。スポーツ安全保険のデータをもとにした公益財団法人スポーツ安全協会の報告（公益財団法人スポーツ安全協会『スポーツ安全協会要覧　2020-2021』2020年8月発行）によると、スポーツ活動中のケガで最も多い傷害部位は手指で17.4％、2番目は足関節（いわゆる足くび）で15.1％、3番目は膝で10.4％である。傷害種別事故発生状況としては、最多が捻挫で34.9％、2番目が骨折で31.0％、3番目は打撲挫傷で13.1％であった。つまり、スポーツ外傷の多くは突き指か足くびの捻挫である。

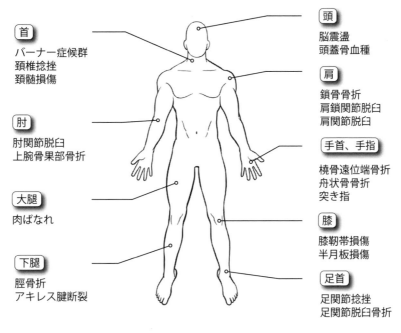

【図 9-1】　部位別スポーツ外傷

（2）スポーツ外傷 No.1：足関節靱帯損傷（足くびの捻挫）

　足くびの捻挫は、医学的専門用語では足関節靱帯損傷と表現する。アスリートにおけるスポーツ外傷でみると、最も多いのは足関節捻挫で、全体の約 3 〜 4 割を占めている。また、平成 21 〜 25 年度の 5 年間にわたる「災害共済給付制度」の資料における、中高生の部活動中の外傷の発生件数をスポーツ競技別にみたところ、バスケットボールが約 6 万 8000 件 / 年と最多で、次いでバレーボールが 9600 件 / 年であり，また疾患別で突き指の次に多かった足関節捻挫における発生率は、バスケットボールが 3400 件 /10 万人 / 年と最多で、次がバレーボールで 3100 件 /10 万人 / 年であった。

　足関節捻挫は発生頻度が高いだけでなく、一度受傷すると再発しやすく、足関節不安定症に移行することが多い。その 再発率は多くの研究で 50 〜 70％と報告されており、受傷者の 40 〜 75% で慢性的な足関節不安定性（chronic ankle instability: CAI）に移行するといわれており、治療にとても難渋する。

　したがって足くびの捻挫は、「単なる捻挫」と軽くみるのではなく、初回受傷の中高生の時から、積極的にテーピングやサポーター、装具などによる再発予防対策が重要である。

◉ 9-4-2　スポーツ障害とは

　「スポーツ障害」とは、練習のしすぎや、悪いフォームによる患部への過負荷、オーバーワークなどが原因で、筋肉や関節、靱帯が炎症や損傷を起こしたり、疲労骨折を生じたり

した場合を指す。前述の野球肘、野球肩、ジャンパー膝、疲労骨折、腰椎分離症などが代表的疾患である。このスポーツ障害とは、一発の外力に起因したケガではなく、むしろ病気に近い病態であり、ラリーカーならオーバーヒートと同じ「故障」である。この場合、休むことで炎症や損傷部位が自己修復されれば、症状は回復してプレー可能になるかもしれない。しかし、患部への負担のかかり方、つまり車の場合は運転の仕方やオーバーヒートになる原因そのものから改善されないと、ただ単にオーバーヒートしたエンジンを冷却しただけでは必ず再発する。同様にオーバーユースに起因したスポーツ障害は、痛みだけを治しても、その原因から根本的に改善し、かつ予防対策を講じないと必ず再発する。

（1）代表的なスポーツ障害
　部位別の代表的なスポーツ障害を**図 9-2** に示す。スポーツ障害は繰り返す負荷やオーバーユースに起因して発生するが、スポーツに共通して発生するものや、競技特有であったり、年齢によって好発したりするなど、さまざまな特徴がある。もっとも厄介なスポーツ障害は疲労骨折であり、全ての年齢において、全身に広くみられる。上肢のスポーツ障害には肩インピンジメント症候群、野球肩、野球肘、テニス肘などがある。体幹部では腰椎分離症が、下肢ではジャンパー膝、シンスプリント（過労性脛部痛）、有痛性外脛骨障害、足底腱膜炎などが特徴的である。また成長期のスポーツ障害としての骨端症には、Osgood-Schlatter 病、Sever 病、リトルリーグ肩、小児野球肘である離断性骨軟骨炎などがあげられる。

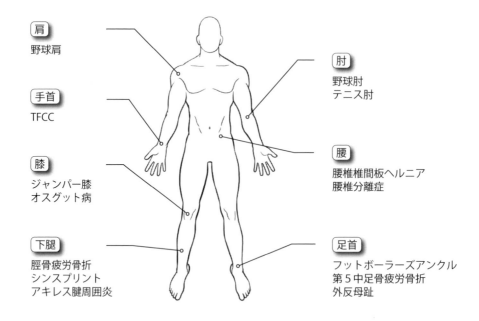

【図 9-2】　部位別スポーツ障害

◉9-4-3　スポーツ外傷・障害の管理

スポーツによるケガ・故障、つまりスポーツ外傷・障害の管理として重要なことは、以下の4点である。

（1）病態把握、診断名と重症度の迅速な判断

アスリートにとって、ケガ・故障をした時に一番気になることは、「いつ競技に復帰できるか」である。したがってメディカルスタッフに要求されることは、正確に病態を把握し、早期に診断名と重症度を判断することである。そのため受傷者は、どこがどのように、どうしたら痛むか、いつから痛いのかを正確に申告することが重要であり、メディカルスタッフは、いきなり痛みを取る治療をするのではなく、先ずは診断のために、各種検査と重症度の判断が必須である。

（2）発生原因の究明

なぜ痛くなったか、いつから痛いのか、明らかな原因やきっかけ、誘因があるかどうかは、診断のみならず、治療や再発予防対策にとても重要な情報である。起きているケガ・故障のそこの部位だけを治しても、発生原因そのものから改善しなければ、必ず再発する。したがって、スポーツ外傷・障害の発生原因の究明は非常に重要であることはいうまでもないが、何故か痛みだけを改善してくれ、という選手が多いのも事実であり、そのため治療院では診断せず疼痛緩和治療が主眼になっている傾向がある。

（3）治療

治療には、起きている症状を軽くする目的の"対症療法"というものと、症状の原因から根本的に治す"根治療法"がある。スポーツ外傷・障害の場合は、痛みをとる"疼痛緩和療法"が古くから多種多様で発展してきた。日本では柔道整復師、鍼師、灸師、あん摩マッサージ指圧師といった国家資格があり、また医療機関では理学療法士がケアを担当している。そしてスポーツ現場に携わっているトレーナーのほとんどは、このような何らかの国家資格を有している。つまり負傷したアスリートに対しては、症状の発生原因究明やその改善、再発予防対策が必要なのはわかっているものの、とにかく痛いのは嫌なので、疼痛緩和もとても大事ではある。痛みをなくすことができなければ、いくら理屈を並べてもアスリートは納得しない。よって対症療法は重要ではあるが、それのみでなく、常に根治療法と再発予防対策も忘れてはいけない。

（4）再発予防対策

オーバーユースに起因したスポーツ障害つまり故障の場合は、起きていた症状を治療しても、患部への過負荷が改善されなければ、すぐに同じ障害が起きることはいうまでもない。一方、一発の外力で発生するスポーツ外傷、つまりケガは、アクシデント的に発生し

たので、運が悪かったと諦めることもあるが、スポーツ現場ではケガしやすい選手とケガしにくい選手がいるのも事実である。つまりトップアスリートはケガが少ない。だからトップなのであり、ケガが多い選手はなかなかトップにあがれない。この理由は、スポーツ外傷にも発生原因があるからである。

スポーツ競技において、昔から言われている"基本動作"というのがあるが、これがとても重要である。腰を落として重心を低くする、ベタ足でなく踵を挙げる、足を細かく動かす、下半身を鍛える、ストレッチングをしっかりして柔軟性を保つ、ウォームアップとクールダウンを疎かにしない、といったことは、実はケガ・故障の予防対策にもなっているのである。簡単な例を示すと、タックルを受けた時など他人と衝突した場合に、棒立ちでいると靱帯断裂などの大ケガをし易いが、足を細かく動かしていれば強い外力から回避できるため大ケガにならない、ということである。

▷ 9-5　昔の常識、今は非常識

スポーツの分野における長年の言い伝えである「昔の常識」が、「実は非常識」なのか、あるいは「今でも常識」なのかは、スポーツを科学することで立証されてきた。

昭和の時代にはトレーニングとして当たり前のように行われていた「ウサギ跳び」は、その後に疲労骨折や Osgood-Schlatter 病、半月板断裂などの危険性が非常に高いという医学的根拠が実証され、現在は禁止になっている。

また「運動中には水を飲むな」というのも昭和の時代は常識で、「水を飲むと多く汗をかいて疲れやすくなる」といわれていた。しかしそれでは熱中症の危険性が非常に高いことは、今では小学生でも理解している。このように、「昔の常識、今は非常識」ということがスポーツ界には多々存在するが、なかにはとても理にかなった言い伝えもたくさんあり、いずれも医科学的根拠に基づいた判断が重要である。近年では科学的トレーニングがもてはやされてはいるが、昔から行われている地道な反復練習がスキルアップに必須なのは、前述のごとくである。

▷ 9-6　「正座」は「悪座」

武道の世界では当たり前に行われている「正座」は、本当は膝関節にとっては全く正しくない「悪座」である。正座は目上の人に敬意を表すための座り方として、誰もが疑いも無く普通に行われている。正座をすると背筋が伸びて姿勢が良く見えるし、謝罪の時もあぐらでは無く正座が当たり前である。しかし、長く正座をするのはとても苦痛であり、足がしびれてすぐに立ち上がることができないのも事実である。戦国時代の武士たちは、以前は目上の者の前でもあぐらで座っていた。しかし家臣に裏切られて襲われることを非常に警戒していた三代将軍徳川家光は、正座ではすぐに立ち上がれないことに目を付け、それまではあぐらであった座り方を「目上の人の前では『正座』が正しい座り方である」と命じた。これが世間に「正座」という座り方が広まったきっかけといわれている。また、

この「正座」という名称は、元々は「危座」と呼ばれており、罪人を長時間砂利の上に膝を揃えて座らせて苦痛を与え、罪を白状させるための座り方であった。しかし「危座」という呼び名は印象が悪かったことから、明治時代に「正しい座り方」として「正座」と名称が改められ、学校教育を始めとして一般に広まったといわれている。

　しかし「正座」の姿勢は、膝関節をかなりきつく過屈曲させる。つまり正常の屈曲角度以上の過剰な屈曲負荷を強いている。例えば、手をしっかりグーで握って、指関節を深く曲げた場合、どんなに頑張って曲げても正座のように 150°以上屈曲することは不可能である。この指の関節を大きくしたのが膝関節である。したがって、「正座」はまさしく膝関節を「曲げ過ぎの捻挫状態」にしており、半月板や軟骨などに過剰な負荷が加わった危険な座り方なので、痛いしつらいのである。

　さらに「正座」は足関節をかなり底屈し、かつ内返しにさせる。この肢位はまさに捻挫をし易い体勢であり、足関節の外側靭帯を痛めている者にとっては、さらに靭帯が伸ばされてしまうため、とても痛いし靭帯不安定症を増長する危険な座り方である。

　このような理由から、「正座」は医学的、機能解剖学的に膝や足関節にかなり悪い座り方であり、決して積極的には勧められない、できればしない方がよい「悪座」といえる。

9-7　風邪とは

「体が冷えると風邪をひく」「おなかを出して寝ると風邪ひくよ」といわれるが、実際に冷えること自体は風邪の原因にはならない。もしそうであれば、アイシングをし過ぎたり、真冬の極寒時に外を歩いたりすれば、みんなが風邪をひいてしまうことになる。風邪とは医学用語で「流行性感冒」といい、ウイルスや細菌による感染症であり、この病原因子が、鼻やのどの上気道の粘膜に侵入し、粘膜に傷害が起こることから始まる。実際には風邪のほとんどが細菌よりもウイルスによる感染であり、しかも原因となるウイルスは 200 種類以上あるといわれている。代表的な風邪ウイルスには、ライノウイルス、アデノウイルス、コロナウイルス、インフルエンザウイルス、RS ウイルス等がある。

　2019 年 12 月に中国武漢で始まった COVID-19（coronavirus disease 2019：2019 年に発生した新型コロナウイルス感染症）は、コロナウイルスが変異を繰り返して長い間世界中で猛威を振るっており、2023 年 3 月の時点でもなかなか収束の兆しがみえていない。このコロナウイルスというのは、元々は冬季に流行のピークがみられ、日常的に人へ感染し、風邪の 10 〜 15%（流行期 35%）を占めているごく一般的な "風邪ウイルス" であった。ほとんどの子供は 6 歳までに感染を経験し、稀に高熱を引き起こすこともあるが、多くは軽症であった。

　しかし同じコロナウイルスが原因であった、2002 年に中国広東省で発生して 2002 年 11 月から 2003 年 7 月の間に 30 を超える国や地域に拡大した「重症急性呼吸器症候群コロナウイルス（SARS-CoV）」や、2012 年にサウジアラビアで発見され、2019 年 11 月 30 日時点で 27 カ国 2494 人が感染し、そのうち 858 人が死亡した（致命率 34.4%）

中東呼吸器症候群コロナウイルス（MERS-CoV）は、いずれも重症化例や死者が多かったことで有名であるが、幸い日本人の感染者はごく少数であった。

これに対して COVID-19 では、SARS を引き起こしたコロナウイルスにはみられない、新しい４つの遺伝子配列が挿入されており、エイズ：AIDS（後天性免疫不全症候群）を引き起こす HIV（ヒト免疫不全ウイルス）とその遺伝子配列が共通していることがわかっており、一説には人為的に遺伝子操作を仕組んだのではないかとの噂もある。またこの変異したコロナウイルスは、エアロゾルで数時間、物の表面上で最大数日間も感染力を保つといわれ、感染したウイルスは血管内皮で増殖したり血管を傷つけたりすることで、血栓が形成されることが特徴である。よって発熱、空咳、倦怠感といった症状の他に、呼吸時痛、咽頭痛、下痢、味覚嗅覚の消失、頭痛、結膜炎、皮膚の発疹、手足の指の変色など、多彩な症状が報告されている。そして一番厄介なことは、感染力が非常に強いものの軽症例が多く、さらには感染しても発病しない不顕性感染や無症状感染者が非常に多く、彼らによる高齢者や持病がある人への感染拡大と致死率の増加がインフルエンザよりひどいということである。

◉9-7-1　スポーツと風邪

「スポーツをするようになってから風邪をひかなくなった」とよく耳にするように、スポーツ活動が風邪に対する抵抗力を高めることは経験的に知られている。一方、競技スポーツの世界では、「試合前に風邪をひいてコンディションをくずし、本来の力を発揮できなかった」という例も結構多い。はたしてスポーツ活動は、風邪をひきにくくしているのであろうか。あるいは風邪をひきやすくしているのであろうか？

スポーツ選手は一般的に体力があるため、感染にも強いという印象がある。実際に軽度から中等度の運動を続けている人や、超回復の状態の時は、免疫力も感染に対する抵抗力も高いという報告が多い。しかしアスリートであっても同じ人間であり、ウイルスなどの病原体に触れれば、誰でも一般人と同様に感染する。しかも激しい運動の直後は、むしろ一過性に体力も免疫力も低下しているので、疲労が蓄積している時は要注意である。さらに競技種目によってはかなりの濃厚接触も多く、また寮や合宿、移動などの集団生活によるクラスター発生リスクが非常に高いので、普段から徹底した感染予防対策を心がけ、体調管理に十分気をつけるべきである。

文献

中嶋寛之編『スポーツ外傷と障害　増補版』文光堂（1994）

長谷川裕『アスリートとして知っておきたいスポーツ動作と身体のしくみ』ナツメ社（2009）

内田淳正監『標準整形外科学　第11版』医学書院（2011）

マッコーリー、ドンホール・トーマス・ベスト編『EBMスポーツ医学　エビデンスに基づく診断・治療・予防』西村書店（2011）

小出清一・福林徹・河野一郎編『スポーツ指導者のためのスポーツ医学，改定第2版』南江堂（2012）

林光俊（編集主幹）『ナショナルチームドクター・トレーナーが書いた種目別スポーツ障害の診療　改定第2版』南江堂（2014）

公益財団法人日本体育協会『公認スポーツ指導者養成テキスト　共通科目Ⅰ　第13刷』（2015）

公益財団法人日本体育協会『公認スポーツ指導者養成テキスト　共通科目Ⅲ　第13刷』（2015）

長谷川博・山本利春監訳『リカバリーの科学　第1版』有限会社ナップ（2016）

野坂和則・沼澤秀雄監訳『パフォーマンスの科学　第1版』有限会社ナップ（2016）

一般社団法人スポーツ・コンプライアンス教育振興機構『みんなのスポーツ・コンプライアンス入門』学研プラス（2019）80頁

公益財団法人 スポーツ安全協会『スポーツ安全協会要覧2020-2021』（2020）

公益財団法人日本スポーツ協会『リファレンスブック　第5刷』（2022）

「未来をかえるイチロー262のNextメッセージ」編集委員会『未来をかえるイチロー262のNextメッセージ』ぴあ株式会社（2008）

「自己を変革するイチロー262のメッセージ」編集委員会『自己を変革するイチロー262のメッセージ』ぴあ株式会社（2013）

Freeman, M. A., M. R. Dean, I. W. Hanham, *The etiology and prevention of functional instability of the foot.* J Bone Joint Surg, 47(4)pp. 678-685, 1965.

Smith R. W., S. F. Reischl, *Treatment of ankle sprains in young athletes*, Am J Sports Med. 14(6)pp.465-471, 1986.

Yeung, M.S., K. M. Chan, C. H. So, W. Y. Yuan, *An epidemiological survey on ankle sprain*, Br J Sports Med28(2)pp.112-116, 1994.

Gerber, J. P., G. N. Williams, C. R. Scoville, R. A. Arciero, D. C. Taylor, *Persistent disability associated with ankle sprains: a prospective examination of an athletic population*, Foot Ankle Int. 19(10)pp. 653- 660, 1998.

McKay, G. D., P. A. Goldie, W. R. Payne, B. W. Oakes, *Ankle injuries in basketball injury rate and risk factors*, Br J Sports Med, 35(2)pp.103-108, 2001.

西中直也・筒井廣明「スポーツ傷害の疫学と治療，予後」『医学と薬学』54巻5号（2005）645-

652 頁

高倉義典「スポーツ傷害による足の痛みの治療」『痛みと臨床』5 巻 4 号（2005）370-378 頁

粕山達也・川越誠・赤岩修一ほか「足関節靱帯損傷における圧痛点および合併症に関する調査研究」
　　『理学療法群馬』21 号（2010）5-9 頁

奥脇透「成長期スポーツ外傷・障害の現状」『臨床 スポーツ医学』33（11）（2016）1024-1030 頁

小林匠「慢性足関節不安定症（CAI）研究の現状と課題」『Sports medicine』28 巻 7 号（2016）
　　2-8 頁

II

スポーツと薬学

ドーピングの定義・歴史

　スポーツは世界共通の楽しみであり、特にトップレベルのアスリートが4年に一度、一堂に集結し、人間の限界ともいえる記録に挑むオリンピック大会は、世界中の関心が集まる。しかし、近年ではオリンピック大会をはじめ、世界レベルのスポーツの大会はドーピングとの戦いとも言われており、メダリストといえどもドーピング違反が発覚し、メダルはく奪といった不祥事が後を絶たない。ドーピングは、スポーツの価値を下げるのみならず、ドーピングを行ったアスリートの身体を害するなど多くの悪影響が知られている。本章以降では、そういったドーピングに対する基本的な知識を深め、ドーピングを防止する種々の活動（アンチ・ドーピング活動）について、実際の試み等を紹介しながら学ぶ。

▷ 10-1　ドーピングとは

　ドーピングとは、競技能力を高めるために、禁止されている物質や方法を用いることをいう。ドーピング違反の対象は、主に医薬品等の物質が多くを占めるが、その他にも自己血を含む血液を体内に注入する、いわゆる血液ドーピングや競技能力を高めるために遺伝子を操作する遺伝子ドーピングも含まれている。

　またドーピングには、意図的に禁止物質等を使用することだけでなく、意図せずに禁止物質等を摂取してしまう、いわゆるうっかりドーピングも含まれる。近年、わが国では医薬品のみならず、サプリメント中に入っていた禁止物質によるうっかりドーピング事例も数多く報告されている。さらに、禁止物質等の摂取といった行為だけでなく、それらの行為を「隠す」こともドーピングとみなされることがある。

▷ 10-2　ドーピングの歴史

　ドーピングという言葉の起源は諸説あるが、アフリカの原住民が狩猟や戦いの際に飲んでいたドープという酒に由来していると言われている。また、人とドーピングの歴史は古く、初めて人類によってドーピングが行われたのは競技馬に対してであった。記録には、古代ローマ時代の二輪馬車による馬の競争競技の際にアルコール様の飲み物を飲ませたと記されている。

　人に対するドーピング行為の記録は 19 世紀の水泳競技まで遡り、その後も陸上競技や球技等、広くドーピング行為がみられるようになり、死亡事故といった問題が出てくるようになる。特に 1960 年のローマで開かれたオリンピックにおける自転車競技の選手の興奮剤使用が原因の急性心不全による死亡事故は、その後のドーピング規制の契機となった。このような事故を受けて国際オリンピック委員会（IOC）は、スポーツにおいて禁止する物質のリストを作成し、1968 年のグルノーブルの冬季オリンピック大会、およびメキシコ夏季オリンピック大会よりドーピング検査を開始した。しかし、この時点での検査対象の物質は麻薬、覚せい剤、興奮薬など限られたもののみであり、競技種目や国・地域による差異もあり、統一したルール作りが求められていた。そこで、1999 年に世界におけるドーピング防止活動の拠点となる、世界アンチ・ドーピング機構（WADA）が設立された。さらに、2001 年にはわが国においても、アンチ・ドーピング活動を推進する目的で、日本アンチ・ドーピング機構（JADA）が設立された。

【表 10-1】アンチ・ドーピングに関する国内外の出来事

年	出 来 事
1966	サッカー、自転車競技の各世界選手権でドーピング検査が開始される
1968	冬季・夏季オリンピック大会でドーピング検査が開始される
1999	世界アンチ・ドーピング機構（WADA）が設立される
2001	日本アンチ・ドーピング機構（JADA）が設立される
2003	「世界アンチ・ドーピング規定（CODE）」がアンチ・ドーピング国際会議（コペンハーゲン）にて採択される
2004	アテネオリンピック大会にて初めて CODE が適用される
2011	日本においてスポーツ基本法が施行され、ドーピング防止活動の推進が明記される
2013	日本において高等学校学習指導要領にアンチ・ドーピングの理念の教育が明記される
2018	日本において「スポーツにおけるドーピングの防止活動の推進に関する法律」が施行される
2021	WADA により「教育に関する国際基準」が作成される

🚩 10-3　アンチ・ドーピングとは

　アンチ・ドーピングとは、ドーピング行為に対して anti（アンチ）、すなわち反対する活動全般を指し、ドーピング防止を目指した教育・啓発や検査等が含まれる。

　アンチ・ドーピング教育・啓発活動は、ドーピング違反を防ぐための予防的な活動として非常に重要な意味を持つ。2013 年には、高等学校の学習指導要領にアンチ・ドーピングの理念の教育が明記され、青少年へのアンチ・ドーピング教育が普及した。また、2021 年に WADA が「教育に関する国際基準」を作成したのを受けて、今後日本において幅広い世代に対するアンチ・ドーピング教育にますます注目が集まることが期待される。アンチ・ドーピング教育・啓発の具体例については、17 章で紹介している。

　また、ドーピング検査は最も知られているアンチ・ドーピング活動の一つである。オリンピック大会におけるドーピング検査は先述の通り 1968 年より開始されているが、現在では多くの国内大会でもドーピング検査が実施されている。ドーピング検査の詳細は、15 章を参考とされたい。

🚩 10-4　ドーピングが禁止されている理由

　ドーピング行為が禁止されている理由は、心身および倫理面から選手のみならず社会に対してもあらゆる悪影響を及ぼすからである。まず、ドーピングによる心身への影響であるが、**表 10-2** に示す通りドーピング行為は直接選手の健康を害することが知られており、最悪の場合は、死亡事故につながる。

　また、アンチ・ドーピング活動にはスポーツインテグリティーを守るという側面もある。スポーツインテグリティーとは、スポーツがさまざまな脅威（ドーピング、八百長、違法薬物、暴力、ハラスメント、差別）によって汚されることなく、価値ある高潔な状態を保つこと、とされている。ドーピング行為はスポーツの持つ公平性、すなわちフェアプレイの精神に反するものであり、スポーツの価値そのものを損なってしまう行為である。

【表 10-2】医薬品によるドーピングによる健康被害の例

筋肉増強作用のあるステロイド薬の使用により生じる健康被害		
血栓症	骨粗しょう症	精神障害
闘争心を高め、集中力を高める興奮薬の使用により生じる健康被害		
不眠	不整脈	精神的依存
持久力競技のパフォーマンスを向上させる造血薬の使用により生じる健康被害		
多血による血栓形成	心筋梗塞	脳梗塞

文献

公益財団法人日本アンチ・ドーピング機構『世界アンチ・ドーピング規定 2022 禁止表国際基準』ファ
　　ルマシア Vol. 57 No. 4（2021）318 頁

十亀真実『「うっかりドーピング」の防止を目指したサプリメント中の医薬品成分分析』

公益財団法人日本アンチ・ドーピング機構『アンチ・ドーピングの歴史』

World Anti-Doping Agency " Guidelines for the 2021 International Standard for Education
　　(ISE)" (2021)

公益財団法人日本アンチ・ドーピング機構『国内最高レベルの競技大会一覧（国内の TUE 事前申請
　　が必要な競技大会一覧)』（2022）

鈴木秀典・赤間高雄・亀井美和子『アンチ・ドーピング徹底解説　スポーツ医薬　服薬指導とその根
　　拠』中山書店（2020）

ドーピングの事例や現状

　ドーピングは海外の問題であり日本で行われることはないだろうという考えはすでに過去のものになっている。禁止物質の力を借りて意図的に競技力を向上させようとする以外に、無意識や不注意のうちに禁止物質を摂取してしまういわゆる"うっかりドーピング"の問題も存在する。そして処方された薬に限らず薬局やドラッグストアなどで購入できる一般用医薬品にも禁止物質を含むものが存在する。さらに包装にすべての含有物質について表記する義務のないサプリメントにも危険性がある。本章では実際に起きているドーピング規則違反について知り、アンチ・ドーピングの視点で薬についての正しい情報や知識を持ち合わせることや正しく使用することの重要性について学ぶ。

▷ 11-1　ドーピングの問題と選手の責任

　日本アンチ・ドーピング規定に明記されているように、競技者は自己の摂取物、使用物に関して責任を負っていること（24.3 項）、禁止物質が体内に入らないようにすることは、各競技者が自ら取り組まなければならない責務であり、自己の検体に禁止物質またはその代謝物もしくはマーカーが存在した場合には、競技者はその責任を負う（2.1.1 項）となっている。

　禁止物質については世界アンチ・ドーピング機構の禁止表国際基準に明記されている。ドーピングは禁止物質を摂取するということに注目されがちであるが、薬物に限らず禁止方法があることにも注意が必要であり、具体的な内容については 14 章を参照されたい。

　規則違反が発覚した場合、暫定的な処分ということで新聞や報道で見聞きするが、違反が確定した事例については日本アンチ・ドーピング機構のウェブサイトで公表されており、検出された禁止物質や制裁内容に加え、その決定文が公開されており禁止物質の摂取の状

況や処分決定に至るまでの経緯について知ることができる[1]。

【表 11-1】　国内におけるアンチ・ドーピング規則違反決定一覧（2018 年度〜 2022 年度）

年度	競技種目	検出物質もしくは違反内容	制裁内容	
			競技成績の失効	資格停止期間
2022	陸上競技	19-ノルアンドロステロン（S1） 19-ノルエチオコラノロン（S1）	有り	3 年
2022	ボディビルディング	トレンボロン代謝物（S1）	有り	3 年
2021	ラグビー	オスタリン（S1.2）	有り	5 カ月
2020	陸上競技	19-ノルアンドロステロン（S1） 19-ノルエチオコラノロン（S1）	有り	4 年
2020	ボクシング	フロセミド（S5）	有り	2 年
2019	水泳	エノボサルム（オスタリン）	有り	4 カ月
2019	ボート	ツロブテロール	有り	2 年
2019	空手道	ツロブテロール	有り	10 カ月
2018	自転車	メタンジェノン・クロミフェン	有り	4 年
2018	レスリング	アセタゾラミド	有り	―
2018	自転車	ビランテロール	有り	6 カ月
2018	ボディビル	クロミフェン	有り	2 年
2018	陸上競技	クロミフェン	有り	2 年
2018	パワーリフティング	メテロノン ボルデノン クロミフェン	有り	4 年
2018	ハンドボール	ツロブテロール	有り	3 カ月

https://www.playtruejapan.org/code/violation/decision.html（一部改変）

▷ *11-2　アンチ・ドーピング規則違反事例*

　2021 年に競技会外検査において採取されたラグビーの選手の尿検体からオスタリン（エノボサルム）（S1.2：蛋白同化薬／その他の蛋白同化薬）が約 20ng/mL 検出され、資格停止 5 カ月の制裁になっている。この事例では以下の 2 点が焦点となり結果として制裁が与えられた。

◉ 11-2-1　意図的摂取の有無について

　選手はトレーニング中に肉離れを起こしたため、チームとは別メニューのトレーニングを開始した。その際、筋力トレーニングの強度を高める目的で、チームが提供するオリジナルのサプリメントとは別にクレアチンを含むサプリメントを服用した。

---

1)　公益財団法人日本アンチ・ドーピング機構、国内のアンチ・ドーピング規則違反決定、https://www.playtruejapan.org/code/violation/decision.html（2023 年 2 月 1 日現在）

これについては筋力トレーニングの強度を高めるという目的で摂取しており、競技力向上に他ならないとされた。実際にサプリメントからは 1 錠あたり 3.7 ～ 9.8ng のオスタリンが検出されている。オスタリンは非特定物質であり、競技力向上の目的のために摂取する可能性が高い物質であるため、より重い制裁がかかることとなる。

◉ 11-2-2　重大な過誤・過失の有無について

選手は購入前にこのサプリメントが国内製であり、認証を受けた国内工場で製造されていること、掲載されている成分を確認し、ドーピングの危険性の情報についての有無を検索して調べている。また購入後に改めてパッケージを見て禁止物質が無いことを再確認している。その一方で、サプリメントについては汚染の可能性があることを認識していたが、チームが提供する以外のサプリメントを摂取することについて、チームドクターやトレーナーに相談すべきであるとは考えていなかった。そして他の医師や薬剤師等の中立的な専門家も含め何ら相談していなかった。また、検査 3 ～ 4 日前に使用しているにも関わらず検査時のヒアリングの際に、7 日以内に使用した医薬品、サプリメントの申告欄にサプリメント名を記載せず「アミノ酸」「プロテイン」とだけ記載した。

これは、たとえサプリメントが認証を受けた国内工場で製造されている場合であっても、競技者は使用する物質を摂取する前に高度に注意を払う必要があることを改めて認識させられる内容である。

また、その他の違反事例の中に、ツロブテロールテープの使用が複数回発生している。本剤は気管支喘息の治療に用いられ、処方箋がなければ入手できない医療用医薬品である。事例では使用にあたり自らがドーピング検査の対象となり得ることを医師に伝えていないことや競技関係者への相談なども行っていないこと、習慣的に使用していたテープが禁止物質を含むものであると認識しないまま自己の判断にのみ基づき安易に使用していた。経口薬ではなく「小さな貼付薬」であることから禁止薬物であるという認識不足やその危険性について広く注意喚起がなされていないことも否定できない。

▷ 11-3　選手の健康管理上における薬の使用と相談先

選手にとって喘息に限らず、感冒、花粉症、皮膚疾患、貧血、下痢、便秘、不眠、不安、胃炎など一般の人々同様、自然治癒力では改善が期待できないときには治療薬が必要となる。その場合は医療機関を受診し処方箋が発行され薬局から薬を受けるほか、ドラッグストアなどで処方箋が無くても購入できる一般用医薬品を手にすることも想定される。そのなかで選手は禁止物質を含む医薬品を避けることを認識したうえで薬を使用することになる。時に心配する仲間や応援する人々から薬やサプリメントをすすめられることがあるかもしれないが、選手は安易に受け取ることはできない。また、違反を恐れるあまり薬を使用することを控えたまま競技を続けることでかえって体調を悪化させてしまうことがないよう医薬品の適正使用に努めなければならない。そのため所属団体やスタッフに随時相談

できるとともに情報を共有できるような環境が必要である。そして、自身の健康や薬の使用について判断する際にドーピングに関する最新の情報を持ち合わせているスポーツドクターやスポーツファーマシストなどが身近に存在することで安心して競技に専念できると考えられる。また、各都道府県薬剤師会にはアンチ・ドーピングホットラインが開設されており、随時問い合わせができるようになっており有効に活用できると良い。千葉県薬剤師会においては適正使用委員会がこの役割を担当し対応に当たっている。

11-4 問い合わせ対応事例

問い合わせは選手が行うとは限らず、コーチ、トレーナー、家族などの場合もある。また、日本国内だけにとどまらず海外遠征先から受ける場合もある。その際、聞き間違いを防ぐだけでなく記録を残すためにも電話による問い合わせやオンライン面談などリアルタイムによる回答を極力避け、ファックスやメールで対応することとしている。速やかな回答を待っていると想定される例もあるが、誤った回答をすることは選手への大きな痛手になるだけでなく、回答者も重大な責任を負うことが想定されるため、回答には慎重にならざるを得ないのが現状であり、複数者で確認した後に回答するようにしている。千葉県薬剤師会適正使用委員会では質問および回答内容を記載するフォーマット（図 11-1）を作成するとともに、Global DRO（禁止表国際基準に基づき、アスリートやサポートスタッフが禁止物質を確認

ドーピング禁止薬に関する問い合せ用紙

一般社団法人　千葉県薬剤師会　宛

FAX：043-248-0646
アドレス：ishii@c-yaku.or.jp

【質問者】

問い合せ日	令和　　年　月　日（）	所属	
質問者氏名	（フリガナ　　　）	電話番号（携帯）	
FAX 番号			
メールアドレス			

※回答は、FAX もしくはメールアドレスで行いますので、必ずご記入下さい。

質問者情報　該当するものに〇をおつけ下さい。
選手本人・選手家族・コーチ・マネージャー・アスレチックトレーナー・医師・薬剤師・看護師・登録販売者・スポーツ協会・その他（　　　　　　　）

【使用者】該当するものに〇をおつけ下さい。

性別	男性・女性・（　　　）	年齢	10・20・30・40・50・60・70・80 才代
薬の使用状況	未使用・使用中・過去に使用		

【問い合せ対象医薬品等】

	製品名	会社名	使用状況	備考
1			未使用・使用中 過去に使用	
2			未使用・使用中 過去に使用	
3			未使用・使用中 過去に使用	

注意
・薬品名はフルネームで正確にご記入下さい。
・回答に時間を要することがありますがご了承下さい。
・食品・健康食品・サプリメント・化粧品等については、医療上必須のものではない、成分表示が正しい保証がないといった点等から判断できません。
・備考欄は、その医薬品に関して特別な事項がある場合にご記入下さい。

【回答】

【図 11-1】 千葉県薬剤師会適正使用委員会が作成した質問および回答内容を記載するフォーマット

することができる検索サイト）で検索した結果を添付するなどして使用可否の理由を納得
してもらいやすいようにしている。これまでに以下のような問い合わせに対応してきた。

- 糖質コルチコイドを含む内服薬、点鼻薬
- 漢方薬を含む一般用医薬品
- プロカテロール錠を含む処方せん
- トラマール錠の使用について
- サプリメントの使用について

　その中で糖質コルチコイドを含有する点眼薬は禁止されていると考える例やトップレベ
ルの選手と知ったうえで発行された処方箋の内容に禁止物質であるプロカテロール（S3.
ベータ2作用薬）を含んでいた例など医師やサポートスタッフであっても禁止物質を含
む医薬品について熟知しているとは限らないということについても考慮する必要がある。

◉ 11-4-1　回答する際の共通認識事項
　漢方薬やサプリメントについては以下のような回答で対応している。

- 漢方薬は麻黄や丁子を含むものだけが禁止されるのではなく、生薬に含まれ
  るすべての物質が明らかになっていないことに加え、採取場所、季節による
  変動などを考慮し、全般的に使用することを勧めない。
- サプリメントは医薬品とは違い食品の扱いであり不純物が含まれている可能
  性がある。そのため、認証を受けている商品であっても完全に安心というわ
  けではない。あくまでも使用するかしないかは選手の最終判断による。

　これらの回答は結果として冷淡な印象を受けるかもしれないが、上記の理由から禁止物
質を含んでいない漢方薬は服用できる、認証を受けている製品は安心して服用できると回
答することができないというのが実情である。

◉ 11-4-2　問い合わせ対応を通じて考えられること
　問い合わせに対応する際、使用の可否について間違いなく回答ができさえすれば良いと
いうものではなく、時にその薬が必要になった経緯や代替薬の有無、TUE申請（13章参
照）についての情報など、なるべく選手に寄り添う姿勢で付加価値を高める情報を提供で
きるよう心がけるべきであろう。また、選手やコーチが自身でも調べることができる資料
の参照先や入手方法について情報を提供するなど教育的なアプローチも大切なポイントと
なる。

11-5　アンチ・ドーピング防止活動と教育啓発

　スポーツファーマシストの資格を持つ薬剤師は薬物乱用防止活動の一環としてアンチ・ドーピングの普及啓発にも関わっており各地域でそれぞれの活動を行っている。松戸市薬剤師会では地域のマラソン大会にブースを設置し、アンチ・ドーピング啓発活動を行ってきた。その中で一般ランナーがどの程度ドーピングに関する認識があるのかについて調査するためアンケートとともにクイズを実施した（**図11-2**）。その結果、漢方薬は安心して服用できる、病院で処方される薬はドーピング違反にならないと考えているランナーも多く、のど飴、貼り薬にも禁止物質が含まれているということの認識は高いとはいえないことが分かった。

　このような活動を通じて、将来トップレベルの選手になる可能性のある若い人々に早いうちからアンチ・ドーピングについて身近に感じてもらい認識を高めてもらうことが大切であり、活動を継続していくことが望ましいと考えられる。

選手諸君！
クイズに答えてもらおう！

Q1　漢方薬は自然のものだからスポーツ選手も安心して飲める

（　○　　×　）

Q2　病院で処方される薬はドーピング違反にはならないから安心だ

（　○　　×　）

Q3　アスリートがドーピング違反の薬をうっかり飲んでしまったが、3日前だったので問題ない。

（　○　　×　）

Q4　この中でドーピング違反になるものはどれ？

【浅田飴】

せき・たんに使うあめ
『こどもせきどめ』と
書かれた商品もあります。

【葛根湯】

風邪の引き始めなどの
頭痛、発熱、肩こりに使
う漢方薬

【ホクナリンテープ】

病院で処方される
気管支を広げるテープ剤
ツロブテロールテープと
いう名前もあります

【図11-2】　松戸市薬剤師会が地域のマラソン大会で実施したクイズ

アンチ・ドーピング活動を主導する組織

　スポーツにおいては競技者全員のフェアネス（公正性）が基本である。もし、たとえたった一人の参加者でも、このルールを守らずにドーピング行為をするならば、スポーツはスポーツとして成り立たず、スポーツが社会に対して担う役割をも裏切ることになるだろう。だからこそ、スポーツに関わる全ての人々が、個々の競技の枠を越え、アンチ・ドーピングに協力し、参加する必要がある。また、ドーピング行為は選手の健康、時に生命に影響を及ぼす可能性がある危険な行為である。

　アンチ・ドーピング活動とは、アスリートへの研修などの教育・啓発活動やドーピング検査などを実施することであり、世界中で展開されている。スポーツ関係者だけがアンチ・ドーピング活動に取り組んでいるわけではなく、各国政府も互いに協力しながら、世界的ルールを定め、アンチ・ドーピング活動に参画している。それが全世界、全スポーツに適用されるため、独立してモニタリングを行っているのが、世界アンチ・ドーピング機構（WADA: World Anti-Doping Agency）である。

12-1　WADA

　WADA は、国際オリンピック委員会（IOC: International Olympic Committee）から独立して設立された本部をカナダのモントリオールに置く機関である。世界各国におけるドーピングの根絶と公正なドーピング防止活動の促進を目的として，国際的なドーピング検査基準の統一やドーピング違反に対する制裁手続の統一等を行う。WADA の設立に至る経緯は、1998 年に世界的な自転車レースの一つであるツール・ド・フランスにおけるドーピング行為が大きな話題となったことである。それまでは、スポーツ協議会主催団体あるいはスポーツ競技団体によってドーピングへの対応が一致していない問題点があっ

た。スポーツ界共通のドーピング問題に対処するために、1999 年にスポーツにおけるドーピングに関する世界会議が開催され、同年、各国政府とスポーツ界によって、WADA が設立された。

　WADA が定めたアンチ・ドーピング・プログラムの基礎となるものが、「世界ドーピング防止規程」である。2004 年から施行されているこの規程は、「ドーピングのないスポーツに参加するという競技者の基本的権利を保護し、もって世界中の競技者の健康、公平及び平等を促進する」ことを目的とするアンチ・ドーピングの基本ルールである。2004 年のアテネ大会からは、この WADA のルールに基づいたドーピング検査が行われている。

　　WADA の主な活動

　(1) 世界ドーピング防止規程（The World Anti-Doping Code）の策定・改定・履行
　　　（国際的なドーピング検査基準や制裁手続等の統一）
　(2) 競技会外検査（抜き打ちドーピング検査）の実施
　(3) 分析設備の科学的・技術的基準の統一（分析機関の認定）
　(4) ドーピング防止教育の普及
　(5) RADO（地域ドーピング防止組織）発展の促進
　(6) 各種競技大会へ独立オブザーバー（検査体制等を監視する者）の派遣

▷ 12-2　JADA

　日本では、2001 年に公益財団法人日本アンチ・ドーピング機構（JADA: Japan Anti-Doping Agency）が設立され、WADA の一員として国内の活動を行っている。2021 年に東京オリンピック・パラリンピックが開催された。この大会の招致に際しては、国内にアンチ・ドーピング機関が設置されていること、および WADA 認定分析機関をもつことが誘致条件に含まれる。

　JADA のホームページに、スポーツにおけるドーピングとは、「スポーツにおいて禁止されている物質や方法によって競技能力を高め、意図的に自分だけが優位に立ち、勝利を得ようとする行為」と謳われている。禁止薬物を意図的に使用することだけをドーピングと呼びがちだが、意図的であるかどうかに関わらず、ルール違反に反するさまざまな競技能力を高める「方法」や、それらの行為を「隠すこと」を含めてドーピングと呼ぶことに意識を向ける必要がある。

　　JADA のミッション

　(1) 検査活動およびインテリジェンス活動の推進
　(2) 教育活動の実施
　(3) 調査研究活動の推進
　(4) スポーツの基盤整備活動の推進
　(5) 国際貢献活動の展開

▷ 12-3　JADA の活動

上記、JADA のミッションの中から、①教育、②啓発とともに③ドーピング検査といったさまざまな活動が含まれる。以下、順に述べる。

◉ 12-3-1　教育活動

2013 年より、高等学校学習指導要領・保健体育に「オリンピックムーブメントとドーピング」という項目が追加され、アンチ・ドーピングについて指導することが明記されている。高校生がスポーツの社会的な価値や、その価値を守るための活動としてアンチ・ドーピング活動を学ぶ機会となっている。

◉ 12-3-2　啓発活動

JADA の主宰により、多くの教育研修会やアウトリーチプログラムが開催されている。JADA が実施及びサポートする対面教育（研修会、ワークショップ等）と、JADA とともに教育推進する「JADA-Educator」（外部協力者）の募集も行われている。

◉ 12-3-3　ドーピング検査

ドーピング検査は、スポーツの土台として働いている公正性を証明するための手段である。ドーピング検査を実施することで、クリーンなアスリートのみが競技会に参加できる環境が保たれ、その結果、クリーンなスポーツに参加するアスリートが守られることへとつながる。禁止表国際基準表は、WADA により定められ、少なくとも年に 1 回以上は改定されるものである。この禁止表はあくまでも例示リストであり、類似の化学構造または類似の生物学的効果をもつものは全て禁止されることに注意が必要である。また、禁止表のどのセクションにも属さない無承認薬物（例えば、前臨床段階、臨床開発中、あるいは臨床開発が中止になった薬物、デザイナードラッグ、動物への使用のみが承認されている物質）も同様に常に禁止されることが明示されている。

▷ 12-4　ITA と iNADO

国際検査機関（ITA: International Testing Agency）は、2018 年に設立され、本部をスイスのローザンヌに置く。ITA は、国際競技連盟や大規模大会の主催者、政府から独立した立場で、国際競技連盟や大規模大会の主催者や各国のアンチ・ドーピング機関へ、ドーピング検査の企画・立案・実施、教育等のサービスを提供する組織である。

iNADO（Institute of National Anti-Doping Organization）は、2012 年設立された、各国のアンチ・ドーピング機関（NADO: National Anti-Doping Agency）と地域のアンチ・ドーピング機関（RADO: Regional Anti-Doping Agency）間における情報共有、連携強化を目的に設立された機関である。JADA は iNADO の設立当初より参加している。

文献

公益財団法人日本アンチ・ドーピング機構「世界アンチ・ドーピング規定 2023 禁止表国際基準」
公益財団法人日本アンチ・ドーピング機構「アンチ・ドーピングの歴史」
World Anti-Doping Agency "Guidelines for the 2021 International Standard for Education (ISE)" (2021)
スポーツ庁 HP: https://www.mext.go.jp/sports/
ITA (International Testing Agency) HP: https://ita.sport/
iNADO (Institute of National Anti-Doping Organization) HP: https://www.inado.org/
鈴木秀典・赤間高雄・亀井美和子『アンチ・ドーピング徹底解説　スポーツ医薬　服薬指導とその根拠』中山書店（2020）

アンチ・ドーピング規程等

　ドーピング行為は、選手の健康および生命に影響を及ぼす可能性がある危険な行為であり、スポーツの精神に根本的に反するものである。世界アンチ・ドーピング機構（WADA）は、スポーツに参加するという競技者の基本的権利の保護及び競技者の健康、公平及び平等の促進、またドーピングの予防に関して、国際及び国内レベルにおいて、調和と協調がとれた、実効性のあるアンチ・ドーピングプログラムを確保することを目的として、2004 年に世界アンチドーピング規程（World Anti-Doping CODE：以後 CODE）を発行した。現在まで 4 回改訂が行われている。

　CODE には、アンチドーピング規則違反が成立する状況および行為が 11 項目にわたって記載されている。競技者またはサポートスタッフらは、アンチ・ドーピング規則違反の構成要件、禁止表に掲げられた物質および方法を知る責任を負わなければならない。意図的な違反や、違反を繰り返す場合はより厳しい制裁が課せられる場合もある。

13-1　アンチ・ドーピング規則違反

◉ 13-1-1

競技者の検体に、禁止物質またはその代謝物もしくはマーカーが存在すること

　・**13-1-1-1**　禁止物質が体内に入らないようにすることは、アスリートの責務である。よって、自己の検体の中に禁止物質またはその代謝物もしくはマーカーが存在した場合には、アスリートはその責任を負わなければならない。アンチドーピング規則違反の証明には、アスリート側の使用に関しての意図、過誤、過失または使用を知っていたことが証明される必要はない。

・13-1-1-2　次のいずれかが証明された場合には、アンチドーピング規則違反の十分な証拠になる。

　　・13-1-1-2-1　対象者のA検体に禁止物質またはその代謝物もしくはマーカーが存在し、かつB検体の分析を放棄した場合。

　　・13-1-1-2-2　B検体を分析した際、禁止物質またはその代謝物もしくはマーカーがA検体の分析結果を追認する内容であった場合。

　　・13-1-1-2-3　対象者のA検体もしくはB検体が二つの部分に分けられ、分けられた検体のうち追確認部分の分析が、分けられた検体の第一の部分において発見された禁止物質またはその代謝物もしくは、マーカーの存在を追認した場合、または競技者が分けられた検体の追確認部分の分析を放棄した場合。

◉ 13-1-2

競技者が禁止物質もしくは禁止方法を使用することまたはその使用を企てること

　・13-1-2-1　禁止物質が体内に入らないようにすることは、アスリートの責務である。よって、自己の検体の中に禁止物質またはその代謝物もしくはマーカーが存在した場合には、アスリートはその責任を負わなければならない。アンチドーピング規則違反の証明には、アスリート側の使用に関しての意図、過誤、過失または使用を知っていたことが証明される必要はない。

　・13-1-2-2　禁止物質もしくは禁止方法の使用または禁止方法の企てが成功したか否かは関係ない。アンチ・ドーピング規則違反は、禁止物質もしくは禁止方法を使用したこと、またはその使用を企てたことで成立する。

◉ 13-1-3

競技者による検体の採取の回避、拒否または不履行

　・13-1-3-1　検体の採取を回避し、または適式に授権された人から通告を受けた後にやむを得ない理由によることなく検体の採取を拒否しもしくはこれを履行しないこと。

◉ 13-1-4

競技者による居場所情報関連義務違反（＊あらかじめ指定されたアスリートは、自身の居場所情報を専用のシステムを通して提出、更新する必要がある）

　・13-1-4-1　登録検査対象者リストに含まれる競技者による12カ月間の期間内における「結果管理に関する国際基準」に定義されたとおりの3回の検査未了及び提出義務違反の組み合わせ。

◉ 13-1-5

競技者またはその他の人が、ドーピング・コントロールの一部に不正干渉を行い、または不正干渉を企てること（＊ドーピング・コントロール：ドーピング検査の一連の流れを指す）

◉ 13-1-6

競技者またはサポートスタッフが禁止物質または禁止方法を保有すること

・13-1-6-1　競技会（時）において禁止物質もしくは禁止方法を競技者が保有し、または競技会外において競技会外における禁止物質もしくは禁止方法を競技者が保有すること。ただし、治療使用特例（TUE）またはその他正当な理由に基づくものであることを競技者が証明した場合は、この限りではない。

＊治療使用特例（TUE）……参照

◉ 13-1-7

競技者またはその他の人が、禁止物質もしくは禁止方法の不正取引を実行し、または不正取引を企てること

◉ 13-1-8

競技者またはその他の人が、競技会（時）において、競技者に対して禁止物質もしくは禁止方法を投与すること、もしくは投与を企てること、または競技会外において、競技者に対して競技会外で禁止されている禁止物質もしくは禁止方法を投与すること、もしくは投与を企てること

◉ 13-1-9

競技者またはその他の人が、違反関与を行い、または違反関与を企てること

・13-1-9-1　他の人によるアンチ・ドーピング規則違反、アンチ・ドーピング規則違反の企てまたは「資格停止または暫定的資格停止中の参加の禁止」の規則違反に関する支援、助長、援助、教唆、共謀、隠蔽その他あらゆる意図的な違反への関与または関与の企て。

＊違反への関与または関与の企てとは、物理的な支援と心理的な支援を指す。

◉ 13-1-10

競技者またはその他の人が特定の対象者と関わること

・13-1-10-1　アンチ・ドーピング機関の管轄に服する競技者またはその他の人による職務上またはスポーツと関連する立場での以下の事項に該当するサポートスタッフとの関わり。

- 13-1-10-1-1　アンチ・ドーピング機関の管轄に服するサポートスタッフであって、資格停止期間中であるもの。
- 13-1-10-1-2　アンチ・ドーピング機関に服しておらず、世界規定に基づく結果管理手続きにおいて資格停止の問題が取り扱われていないサポートスタッフであって、仮にかかる人に世界規定に準拠した規則が適用されたならばアンチ・ドーピング規則違反を構成したであろう行為について、刑事手続、懲戒手続もしくは職務上の手続において有罪判決を受け、またはかかる事実が認定されたもの。かかる人の関わりが禁止される状態は、刑事、職務 上もしくは懲戒の決定から 6 年間、または課された刑事、懲戒もしくは職務上の制裁措置の存続期間のいずれか長い方の期間、有効とする。
  - 13-1-10-1-3　または、13-1-10-1-1 または 13-1-10-1-2 に記載される個人のための窓口または仲介者として行動しているサポートスタッフ。
- 13-1-10-2　【13-1-10】の違反を立証するためには、アンチ・ドーピング機関は、競技者またはその他の人が、当該サポートスタッフが関わりを禁止される状態にあることを知っていたことを立証しなければならない。13-1-10-1-1 または 13-1-10-1-2 に記載されたサポートスタッフとの関わりが、職務上またはスポーツと関連する立場においてなされたものではないこと及びまたは当該関わりが合理的に回避不能であったことの挙証責任は、競技者またはその他の人がこれを負う。13-1-10-1-1、13-1-10-1-2 または 13-1-10-1-3 に記載された基準に該当するサポートスタッフを認識したアンチ・ドーピング機関は、当該情報を WADA に提出するものとする。

◉ 13-1-11

競技者またはその他の人が、当局への通報を阻止し、または当局への通報に対して報復する行為（＊「報復」とは、通報する本人、その家族、友人の身体、精神、経済的利益を脅かす行為）

- 13-1-11-1　他の人が、主張されたアンチ・ドーピング規則違反または主張された世界規程の不遵守に関する情報を、WADA、アンチ・ドーピング機関、法執行機関、取締・専門規律組織、聴聞機関または WADA もしくはアンチ・ドーピング機関のための調査を遂行している人に誠実に通報することを阻止する意図をもって、かかる人を脅迫し、または威嚇しようとする行為。
- 13-1-11-2　主張されたアンチ・ドーピング規則違反または主張された世界規程の不遵守に関する証拠または情報を、WADA、アンチ・ドーピング機関、法執行機関、取締・専門規律組織、聴聞機関または WADA もしくはアンチ・ドーピング機関のための調査を遂行している人に誠実に提供した人に対して報復すること。
- 13-1-11-3　【13-1-11】において、報復、脅迫及び威嚇とは、人の行為が誠実さを欠きまたは不相当な対応であるという理由で、当該人に対して行われる行為を含む。

▷ 13-2　アンチ・ドーピング規定違反に対しての制裁措置

◉ 13-2-1

ドーピング検査の流れ：ドーピング検査には、競技会検査（競技会において実施される検査）と競技会外検査（競技会以外の、アスリートの自宅やトレーニング場所で実施される検査）の2種類がある。検査については、信頼性と正確性が保証されなければならないという観点から、ドーピング検査を実施する大会や対象者について事前に公開されることはない。一連のドーピング検査については、アンチ・ドーピング機構が認定したドーピング検査員により「検査及びドーピング調査に関する国際基準」に則って実施される。その後、アスリートから採取した検体（血液、尿）は、世界アンチ・ドーピング機構によって認定を受けている分析機関（日本では株式会社 LSI メディエンス）が検体の分析を実施する。

◉ 13-2-2

検体の分析により違反が疑われた場合：検体の分析により規則違反の可能性がある場合、JADAより対象者に対して、アンチ・ドーピング規則違反の通知・主張を行う。その後、「日本アンチ・ドーピング規律パネル」（規律パネル）の委員長より聴聞パネルとして任命された委員（弁護士1名、医師1名、スポーツ関連団体の役職員またはアスリート1名）により聴聞会が開催される。規律パネルは、弁護士、医師、スポーツ関連団体の役職員またはアスリートの複数名で構成されており、JADAや競技団体から独立した組織であるため、中立かつ構成な判断ができるようになっている。

聴聞会において、アスリートは自分の意見を述べ資料を提出できる。規律パネルは、アスリートとJADA 両者の事情を聞いた後、アンチ・ドーピング規則違反の有無を認定し、制裁措置を決定する。

◉ 13-2-3

制裁措置の内容

- 13-2-3-1　個人への制裁措置

  個人において、アンチ・ドーピング規則違反が確定すると、以下の制裁措置が課せられる。

  - 13-2-3-1-1　成績の取り消し

    個人の成績の失効、獲得したメダル、得点、賞金の剥奪を含む一定の措置が課される。

  - 13-2-3-1-2　資格停止

    競技会への参加、チーム活動、コーチングなど、スポーツに関わる全ての活動の禁止および補助金支給の停止もあり、場合によっては資格停止期間が加重（標

準的措置よりも厳しい措置）される。

- ・13-2-3-1-3　制裁措置の自動公開
- ・13-2-3-2　チームに対する制裁措置

チームスポーツにおいて、アンチ・ドーピング規則違反が確定すると、以下の制裁措置が課せられる。

- ・13-2-3-2-1　チーム構成員の2名以上が競技会に関連して違反となった場合、競技大会主催の機関が、競技大会期間中に、そのチームに対して特定対象調査を実施する。また、違反したアスリート個人に対して制裁が課される。
- ・13-2-3-2-2　チーム構成員の3名以上が競技会に関連して違反となった場合、違反したアスリート個人に対して制裁及び競技大会主催機関や国際競技連盟によるチームに対しての制裁（得点剥奪、競技会におけるチームの失効措置）が課される。
- ・13-2-3-2-3　他のスポーツ団体に対するJADAの制裁処置

国内における各種スポーツ関係団体が、その組織及び団体の能力の範囲内で規程を遵守、実施、指示、執行しなかった場合、JOCまたは国際競技連盟に対して追加的な規律処分を講じることを要請することができる。

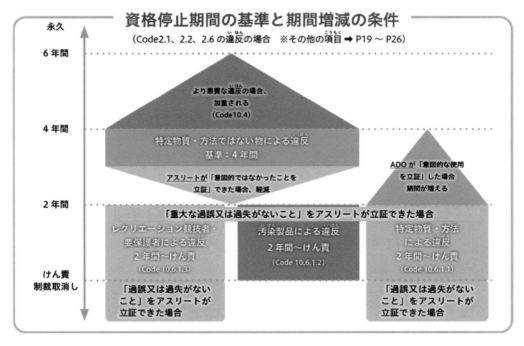

【図13-1】　資格停止期間の基準と期間増減の条件
（Clean Sport Athlete Site JADA for Clean & True Sport より引用）

▷ *13-3*　治療使用特例（TUE）と不服申し立て

◉ 13-3-1

治療使用特例（TUE）とは：アスリートが病気や怪我の治療目的のために、禁止物質や禁止方法を使用する場合には「特例」が認められており、その規則を「治療使用特例（TUE）」という。本規則は国際基準によって細かく定められているため、適用条件を満たし、承認されなければならない。

◉ 13-3-2

TUE取得の条件：TUE取得の条件として大きく分けて以下の4つが挙げられる。

①適切な臨床的根拠に基づく診断であること。

②競技力の向上の効果を生まないこと。

③禁止物質、禁止方法が該当疾患に対する適応治療であり、代替する治療方法がないこと。

④ドーピングの副作用に対する治療ではないこと。

各条件をすべて満たしているかをアンチ・ドーピング機関が確認する必要がある。アスリートは、TUE申請の際に、医療情報の添付、使用する薬の量、使用期間などの詳細な医療情報などを用意しなければならない。

◉ 13-3-3

不服申立てとは

聴聞会の決定内容や、TUEの却下など、アンチ・ドーピング規程及び国際基準に則って決定された内容に対してアスリート自身が納得いかない場合はアスリート・カテゴリーに基づき不服申立てができる。また、JADAや国際競技連盟などのアンチ・ドーピング機関も同様に申立てできる。

国際レベルアスリートの場合、不服申立てはスポーツ仲裁裁判所（CAS）となり、それ以外のカテゴリーに属するアスリートの不服申立ては日本スポーツ仲裁機構（JSAA）となる。

主要競技大会機関がJADAより付与されたTUEを承認しなかった場合も不服申立てができる。

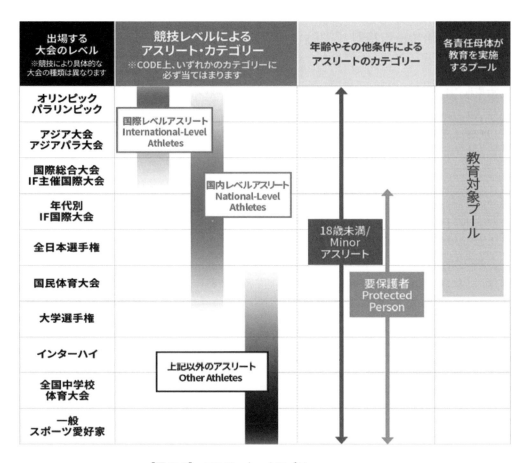

【図 13-2】　アスリート・カテゴリー
（Clean Sport Athlete Site JADA for Clean & True Sport より引用）

文献

公益財団法人日本アンチ・ドーピング機構『世界アンチ・ドーピング規程』（2021）

公益財団法人日本アンチ・ドーピング機構『日本アンチ・ドーピング規程』（2021）

JADA（FAIR PRAIDE）https://www.playtruejapan.org

JADA（Clean Sport Athlete Site JADA for Clean & True Sport）https://www.
realchampion.jp/what/adrv-what/result/

WADA の禁止表・禁止物質

　スポーツにおいて、全ての医薬品がドーピング対象物質として規制を受け、その使用が禁止されているわけではない。服用することで競技力を向上させたりドーピング対象物質の使用を隠蔽したりする可能性がある薬物や方法に対して、世界アンチ・ドーピング機構（WADA: World Anti-Doping Agency）が禁止表国際基準として禁止物質と禁止方法の国際的な統一ルールを定めている。禁止表ではドーピング対象となる物質名が一覧に記載されているが、類似の化学構造や効果を有するものも同様にドーピング対象物質となっているため、リストに掲載されていないから使用しても良いという訳ではない。そのため、ドーピング対象物質がどのような薬剤で、なぜ禁止されているのかを理解することが、アンチ・ドーピングにおいて重要である。

14-1　禁止表国際基準とは
　禁止表国際基準とは、スポーツにおいて禁止される物質と方法が記載された一覧表のことである。少なくとも 1 年に 1 回（毎年 1 月 1 日）は改定されることになっていて、その年の 12 月 31 日まで適用される。ドーピング検査の実施形態により禁止となる物質と方法が異なるため、「常に禁止される」と「競技会（時）に禁止される」の 2 つに分かれて記載されている。
　禁止表に掲載される物質や方法は、以下の 3 つの要件のうちいずれか 2 つの要件を満たすと WADA が判断した場合に検討し、決定する。

①その物質や方法が、競技力を向上させるという医学的な証拠や薬理効果、実績が存在する場合

②その物質や方法の使用が、アスリートの健康上の危険性を及ぼすという医学的な証拠や薬理効果、実績が存在する場合
③その物質や方法の使用が、スポーツの精神に反する場合

　また、その物質や方法が他の禁止物質や禁止方法の使用を隠蔽する可能性があるという、医学的および科学的証拠や薬理効果などが存在すると WADA が判断した場合にも、禁止表に掲載される。この WADA による禁止表への掲載、禁止表における区分の分類は、全世界・全スポーツのルールとして適用される。

　禁止物質は「物質名」で禁止表に記載されているが、禁止される全ての物質名の記載があるわけではなく、類似の化学構造や生物学的効果を有するものも同様に禁止されている。また、薬の商品名では記載されていないため、掲載されてないから使用できると安易に判断してしまうのはとても危険である。自身が摂取する薬に禁止物質が含まれていないかどうかは、必ず医師や薬剤師などの専門家に確認する必要がある。

　禁止表は、「常に禁止される物質と方法」、「競技会（時）において禁止される物質と方法」および「特定競技において禁止される物質と方法」の 3 つの区分に分類されている。

　「常に禁止される物質と方法」では、S0. 無承認物質、S1. 蛋白同化薬、S2. ペプチドホルモン、成長因子、関連物質および模倣物質、S3. ベータ 2 作用薬、S4. ホルモン調節薬および代謝調節薬、S5. 利尿薬および隠蔽薬、M1. 血液および血液成分の操作、M2. 化学的および物理的操作、M3. 遺伝子ドーピング、に分類されている。

　「競技会（時）において禁止される物質と方法」では、S6. 興奮薬、S7. 麻薬、S8. カンナビノイド、S9. 糖質コルチコイド、に分類されている。

　「特定競技において禁止される物質と方法」では、P1. ベータ遮断薬が分類されている。

【表 14-1】　WADA 禁止表（2022 年）

常に禁止される物質と方法 <競技会（時）＆競技会外>	禁止物質	S0. 無承認物質
		S1. 蛋白同化薬
		S2. ペプチドホルモン、成長因子、関連物質および模倣物質
		S3. ベータ 2 作用薬
		S4. ホルモン調節薬および代謝調節薬
		S5. 利尿薬および隠蔽薬
	禁止方法	M1. 血液および血液成分の操作
		M2. 化学的および物理的操作
		M3. 遺伝子ドーピング
競技会（時）に禁止される物質と方法 <競技会（時）>	禁止物質	S6. 興奮薬
		S7. 麻薬
		S8. カンナビノイド
		S9. 糖質コルチコイド
特定競技において禁止される物質 <競技会（時）および指示ある場合>	禁止物質	P1. ベータ遮断薬

14-2　常に禁止される物質と方法

14-2-1　S0. 無承認物質

　無承認物質とは、禁止表の以下のどのセクションにも対応せず、人体への治療目的使用が現在どの場所でも承認されていない薬物のことである。例えば、臨床開発中の薬、デザイナーズドラッグ（違法ドラッグ）や動物への使用のみが承認されているような物質のことであり、これらは常に使用が禁止されている。

14-2-2　S1. 蛋白同化薬

　蛋白同化薬とは、主に男性ホルモンであるテストステロンの構造を模倣して人工的に合成されたステロイドのことをいい、筋肉量を増やすために使用される。医療では、通常テストステロン値が低い患者の治療に使用されるが、場合によっては、がん患者、エイズ患者、寝たきりの人や重度のやけどを負った人に対して、筋肉の衰えを防ぐために使用することがある。しかし、これらの薬を筋力の強化と筋肉量の増加を目的として使うことにより、運動能力を向上させたり、闘争心を高めたりすることができるため、常に使用が禁止されている。

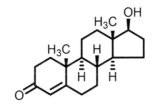

テストステロン

【図 14-1】　主な蛋白同化薬とその化学構造

14-2-3　S2. ペプチドホルモン、成長因子、関連物質および模倣物質

　持久力が必要とされる競技では、継続したエネルギー産生を促すために酸素を筋肉へ持続的に供給することが、優れたパフォーマンスの原動力となる。酸素を筋肉に供給する役割は血液中の赤血球が担っているが、この赤血球を作るには腎臓が分泌するホルモンのエリスロポエチンが必須である。このエリスロポエチンを元に開発された薬は、酸素運搬能を向上させる効果があるため、持久力が必要な種目は運動能力の強化につながってしまう可能性がある。また、脳から分泌される成長ホルモンは、運動による筋量増加を促進したり、脂肪分解を促進して体脂肪を減らしたりするなど、多様な生理作用を有するホルモンである。そのため、成長ホルモンの類似物質などが筋肉量の増加および体脂肪量の低下の目的でドーピングに使用されることがある。

◉ 14-2-4　S3. ベータ2作用薬

　ベータ2作用薬は、臨床では主に気管支を拡張する作用を目的に気管支喘息の治療薬として用いられている。ベータ2作用薬は気管支以外の臓器にも作用し競技者の身体能力向上を促す可能性があるため、常に禁止される物質に指定されている。しかし、禁止表では例外が認められており、気管支喘息などの治療が目的であれば、最大使用量や用法・用量を遵守することで、吸入ベータ2作用薬の一部が使用可能である。

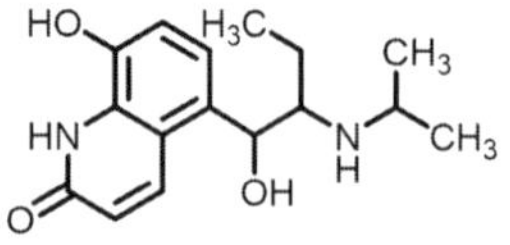

| プロカテロール | 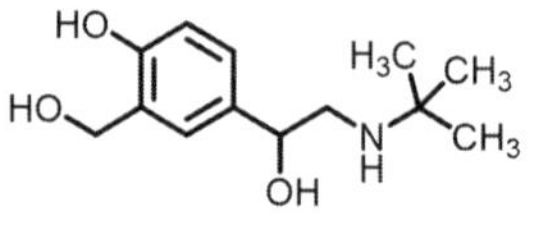 サルブタモール | 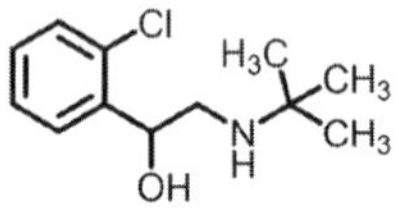 ツロブテロール | 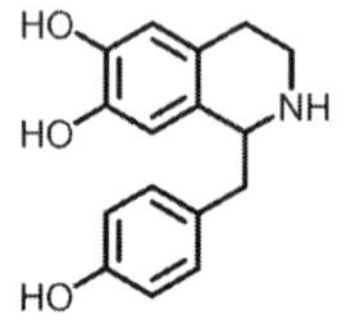 ヒゲナミン |

【図14-2】　主なベータ2作用薬とその化学構造

◉ 14-2-5　S4. ホルモン調節薬および代謝調節薬

　ホルモン調節薬としては、代表的なものにアロマターゼ阻害薬や抗エストロゲン薬が挙げられる。これらの薬は主に乳がん患者に用いる薬だが、間接的に体内の男性ホルモンを増加させることで筋肉量を増加させる可能性があるため、使用が禁止されている。

◉ 14-2-6　S5. 利尿薬および隠蔽薬

　利尿薬とは、主に腎臓に作用することで体内のナトリウムと水分の排泄を促進し、体液量を減らすことによって血圧を下げる薬である。柔道、レスリングやボクシングなどでは、体重によって階級が決まったり、体重の軽重が直接その競技の有利不利につながったりするため、禁止表において使用が禁止されている。また、摂取した他の禁止物質を早く体外へ排出させたり、体の中の血液量を増やして血液を薄めることで尿や血液検体中の禁止物質を少なくさせたりすることで、間接的に禁止物質を覆い隠す可能性のある物質のことを隠蔽薬といい、禁止表において使用が禁止されている。

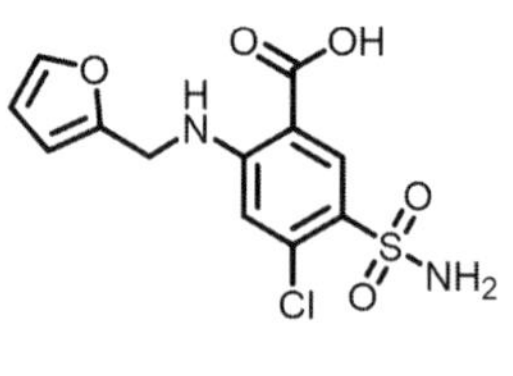

| フロセミド | 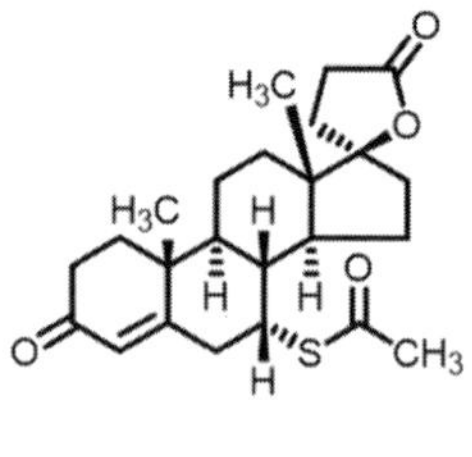 スピロノラクトン | 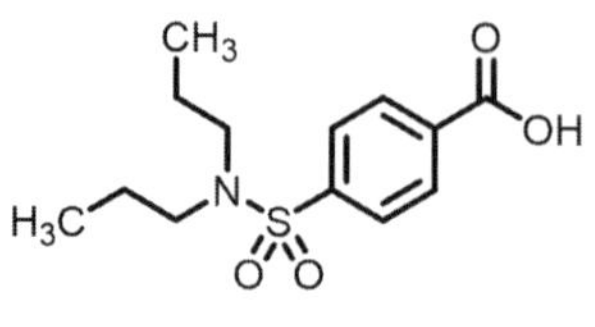 プロベネシド |

【図14-3】　主な利尿薬および隠蔽薬とその化学構造

◉ 14-2-7　M1. 血液および血液成分の操作

　輸血をすることで赤血球を増やし酸素を体内に運ぶ能力を向上させることや、人為的な酸素運搬物質の摂取、血液やその成分を血管の中で操作することは血液ドーピングとして禁止されている。ただし、酸素カプセルや携行酸素缶などの吸入による酸素自体の補給は除かれる。

◉ 14-2-8　M2. 化学的および物理的操作

　ドーピング検査の際に、尿検体のすり替えや検体の改質などは禁止されている。また、医療機関での治療やその受診過程、外科手術や臨床検査などにおいて正当に受ける場合を除き、静脈内注入／注射（12 時間あたり 100 mL を超えるもの）は禁止されている。禁止物質を含む点滴が治療のために必要な場合は、事前に治療使用特例（TUE）申請が必要である。

◉ 14-2-9　M3. 遺伝子ドーピング

　禁止物質を使用するのではなく、競技能力を高めるために、筋肉の増強、血流の増加や持久力の強化に関するような遺伝子を、直接編集したり導入したりすることは、禁止されている。

⚑ *14-3*　競技会（時）に禁止される物質と方法

◉ 14-3-1　S6. 興奮薬

　興奮薬とは、脳と脊髄で構成される中枢神経系を刺激する薬が主に分類されており、覚醒剤であるアンフェタミンや麻薬であるコカインなどがこれに該当する。また、ドラッグストア等で購入可能な総合感冒薬などに含まれているエフェドリン類も規制の対象になっているため、注意が必要である。これらは、中枢神経系を刺激することで敏捷性を高めたり、疲労感を軽減したりするため、競技会時の使用が禁止されている。

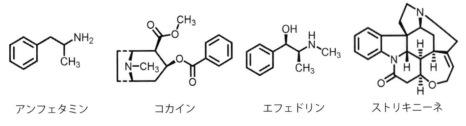

アンフェタミン　　　コカイン　　　エフェドリン　　　ストリキニーネ

【図 14-4】　主な興奮薬とその化学構造

◉ 14-3-2 S7. 麻薬

ここで分類されている物質は、主にオピオイド受容体を介した鎮痛薬のことである。ケシ *Papaver somniferum* L. の果実の乳液から生成されるモルヒネやそれをもとに誘導体化された医薬品などは、この受容体に作用することで疼痛作用を示すため、がん患者の疼痛緩和のために用いられている。一方で、適切な使用をしないと薬物依存を生じてしまう。鎮痛、鎮静作用による精神機能の向上とリラックス効果、また、陶酔感や多幸感を期待して使用することもできるため、禁止物質として指定されている。

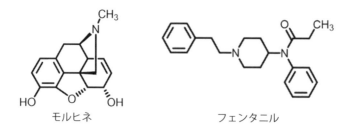

モルヒネ　　　　　　　　フェンタニル

【図 14-5】　主な麻薬とその化学構造

【図 14-6】　ケシ *Papaver somniferum* L. の花とけしぼうず

◉ 14-3-3 S8. カンナビノイド

カンナビノイドはアサ *Cannabis sativa* L. に含まれている化合物群の総称である。主要なカンナビノイドとして、△9-テトラヒドロカンナビノール（THC）が含まれており、強い中枢作用を示すことで、多幸感、高揚感、記憶の障害や幻覚などの精神神経反応を誘発する。THC の構造を元に人工的に合成された合成カンナビノイドも多数存在し、既に麻薬または指定薬物として規制されているものも多く存在するが、構造の一部を変化させたものが危険ドラッグとして流通している。そのため、禁止表では類似化合物も含めて禁止されている。また、リラックス効果を目的とした健康食品やサプリメントとしてカンナビジオール（CBD）製品が流通しているが、こちらはまれに THC を含むものも存在するため、使用には注意が必要である。

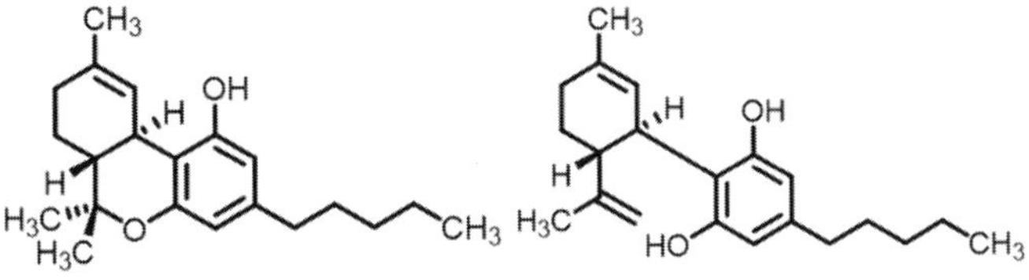

テトラヒドロカンナビノール　　カンナビジオール

【図14-7】　主なカンナビノイドとその化学構造

アサは日本では大麻取締法で所持が厳重に規制されているが、アメリカの一部の州やヨーロッパの一部の国などでは医療用大麻や嗜好用大麻が合法となっている。日本においても、今後医療用に限っては使用が可能になる動きが出てきている。

【図14-8】アサ *Cannabis sativa* L. の葉

◉ 14-3-4　S9.糖質コルチコイド

糖質コルチコイドとはステロイドホルモンの一種である。ヒトで主要な糖質コルチコイドはコルチゾールだが、この化合物を元に化学構造を変化させた結果、多数の合成ステロイド薬が開発され薬物治療に用いられてきた。糖質コルチコイドは、短期間の服用であれば、炎症をおさえる作用や疲労軽減作用などの競技者に利益のある作用を示し、競技力向上の可能性があるが、長期服用により高血圧、高血糖、不整脈、骨粗鬆症や精神障害などの重大な副作用を生じる可能性がある。そのため、糖質コルチコイドの注射使用、経口使用や経直腸使用は全て禁止されているが、治療のための吸入、点眼、点鼻や外用については該当しない。口内炎等の治療で使われる軟膏や貼付剤はドラッグストア等で簡単に購入することが可能だが、糖質コルチコイドを含有しているものがあるため、注意が必要である。

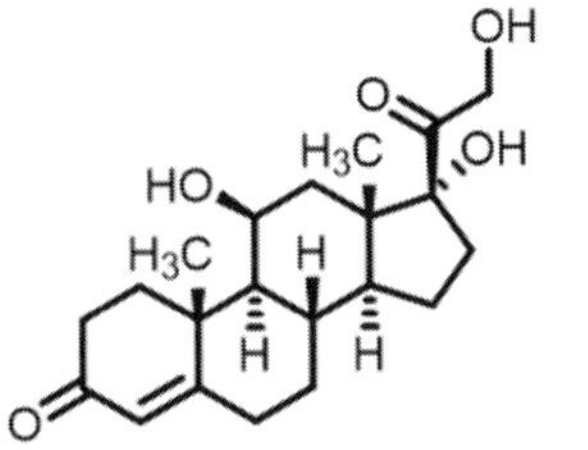

コルチゾール (ヒドロコルチゾン)

【図14-9】　主な糖質コルチコイドとその化学構造

⚑ *14-4*　特定競技において禁止される物質

◉ 14-4-1　P1. ベータ遮断薬

　ベータ遮断薬は、主に高血圧、狭心症や不整脈に用いられる薬である。血圧の低下作用や、心拍数・心拍変動を減らす作用を示すことで、精神ストレスや不安などによる心拍数の増加を制御するため、標的を狙ったり、精度が要求されたりする特定の競技において使用が禁止されている。アーチェリーや射撃は、競技会時だけでなく競技会外でも禁止されている。

> **＜特定競技＞**
> アーチェリー、自動車、ビリヤード、ダーツ、ゴルフ、
> ミニゴルフ、射撃、スキー、スノーボード、水中スポーツ

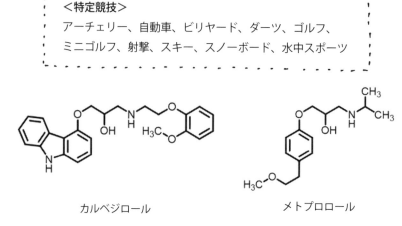

カルベジロール　　　　　　　　　　　　メトプロロール

【図 14-10】　主なベータ遮断薬とその化学構造

⚑ *14-5*　監視プログラム

　監視プログラムとは、禁止表には記載されていないが、スポーツにおける濫用のパターンを把握するために監視することが望まれる物質のことである。この監視プログラムに指定されている物質が検査で検出されても、禁止物質ではないのでドーピング違反にはならないが、翌年以降に禁止薬物となる可能性がある。コーヒーに含まれるカフェイン、タバコに含まれるニコチン、ホウレンソウに含まれるエクジステロン、ミカンの皮に含まれるシネフリンなど、日常的に摂取する可能性のあるものも監視プログラムの対象となっている。

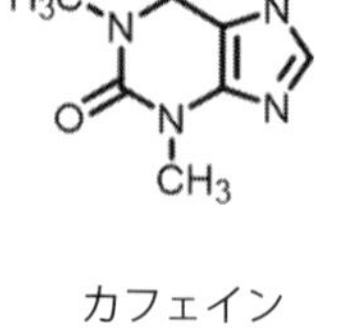

カフェイン 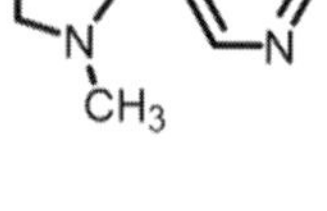　　　　　ニコチン 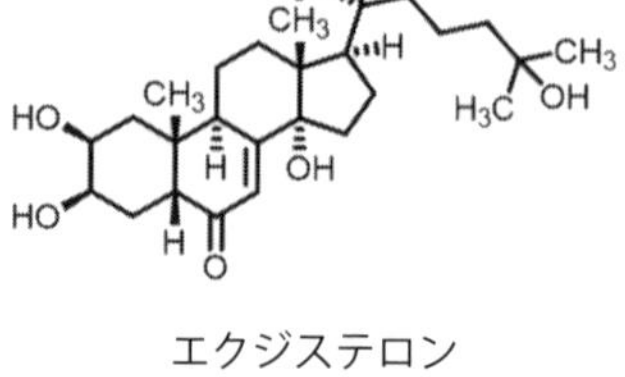　　　　　エクジステロン 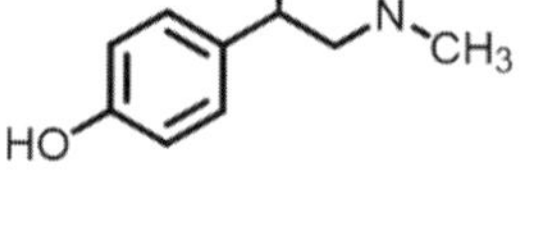　　　　　シネフリン

【図 14-11】　主な監視プログラムに指定されている物質とその化学構造

14-6　生薬・漢方薬とサプリメント

● 14-6-1　漢方薬

　天然から得られる薬用植物、動物や鉱物などの薬用とする部分を、乾燥などの簡単な加工を施してそのまま医薬品として用いるものを生薬という。ドラッグストアなどで売られている製品には、このような生薬の個々の薬効を期待して配合した薬が多々売られている。また、漢方医学理論に基づいて複数の生薬を組み合わせて構成したものを漢方薬という。これらは天然由来の医薬品のため、一見体に優しくドーピングとは無縁に見えるが、禁止物質を含有成分として含むものが存在するため注意が必要である。

　例えば、麻黄（*Ephedra sinica* などの地上茎）には S6. 興奮薬に分類されるエフェドリンが含まれており、葛根湯や小青竜湯などのよく耳にするような漢方処方に配合されている。また、一部の苦味健胃薬に用いられている馬銭子（マチン *Strychnos nux-vomica* の種子）には、同様に S6. 興奮薬として分類されるストリキニーネが含まれている。これら生薬を含む漢方薬などは、競技会時に服用することはできないが、競技会外であれば、ウォッシュアウト期間（体内に吸収された薬物がほぼ全てされる期間）を考慮して服用することが可能であると考えられる。

　常時禁止である物質を含む生薬としては、呉茱萸（ゴシュユ *Euodia ruticarpa* などの果実）、細辛（ウスバサイシン *Asiasarum sieboldii* などの根及び根茎）、南天葉・南天実（ナンテン *Nandina domestica* の葉もしくは果実）や附子（トリカブト *Aconitum japonicum* などの塊根）などが挙げられ、これらは S3. ベータ2作用薬 に指定されているヒゲナミンを含有している。また、滋養強壮を目的に飲用するドリンク剤にも、蛋白同化作用を有するステロイドを含む動物生薬が配合されている製品があるため注意が必要である。

【表14-2】禁止物質を含む生薬

成分名	分類	禁止期間	生薬名
エフェドリン	S6. 興奮薬	競技会時禁止	麻黄（マオウ）
ストリキニーネ	S6. 興奮薬	競技会時禁止	馬銭子（ホミカ）
ヒゲナミン	S3. ベータ2作用薬	常時禁止	細辛（サイシン）
			呉茱萸（ゴシュユ）
			附子（ブシ）
			南天（ナンテン）
男性化ステロイド	S1. 蛋白同化薬	常時禁止	鹿茸（ロクジョウ）
			麝香（ジャコウ）
			海狗腎（カイクジン）

◉ 14-6-2　サプリメント

　サプリメントとは、健康の維持増進に役立つ特定の成分が濃縮された錠剤やカプセルのことを指し、ドラッグストアやネットスーパーなど、どこでも購入することが可能な健康食品の一つである。競技者自身が手軽に購入し摂取ができる一方で、サプリメントへの禁止薬物の混入によるアンチ・ドーピング規則違反事例が国内外で問題になっている。安価なサプリメントを求めてインターネットを通して海外から購入した結果、禁止薬物が混入していた事例も存在する。サプリメントなどのいわゆる健康食品は、全ての成分を表示する義務がないことから、ラベルに未記載の成分の含有や製造過程で異成分が混入する可能性を否定することができないため、摂取する際には注意が必要である。

文献

公益財団法人日本アンチ・ドーピング機構『世界アンチ・ドーピング規定 2023 禁止表国際基準』

鈴木秀典・赤間高雄・亀井美和子『アンチ・ドーピング徹底解説　スポーツ医薬　服薬指導とその根拠』中山書店（2020）

薬剤師のためのアンチ・ドーピングガイドブック 2022 年版

JADA クリーンスポーツ・アスリートサイト（https://www.realchampion.jp/）

Metabolomics.JP (http://metabolomics.jp/wiki/Main_Page)

ドーピング検査の種類と検査方法

　オリンピックやワールドカップ等、スポーツの世界大会が開催されるたびに「ドーピング」が話題に上がる。しかしながら、実際に自身がドーピング検査を受けたり、ドーピング検査の具体的な実施方法について知っている人は少ないのではないだろうか。この章では、ドーピング検査の検査種別や検査方法、さらに現場ではどのようにドーピング検査がなされているのかを詳しく説明していく。

▷ 15-1　検査種別
　ドーピング検査には競技会の期間中に実施される「競技会検査（ICT: In Competition Test）」と、競技会以外の期間・場所で実施される「競技会外検査（OOCT: Out-Of-Competition Test）」の2種類がある。
　競技会検査は競技会に参加している全てのアスリートが対象となる。競技会外検査は全てのアスリートが対象であるものの、後述するRTP/TP（15-5参照）が主な対象となる。公平性を保つためにRTP/TPが事前に提出した居場所情報（15-4参照）に基づき、事前通告なしに抜き打ちで検査が行われる。ドーピング検査は「検査及びドーピング調査に関する国際基準」に基づき、国際的に統一された手順で行われる。

▷ 15-2　ドーピング検査の採取する検体の種類
　ドーピング検査でアスリートから採取する検体は尿と血液の2種類がある。検査では尿もしくは血液のいずれかの検体を採取するが、競技によっては、より効果的な検査を実施するために尿と血液の両方の検体を採取することがある。採取した検体は、世界アンチ・ドーピング機構（WADA）の認定分析機関にて分析される。

　以下、尿検査と血液検査についてそれぞれ詳しく解説していく。

◉ 15-2-1　尿検査

　尿検査はドーピング検査の開始とともに始められたものであり、一般的なドーピング検査の方法として用いられている。JADA の国内のドーピング検査実施統計による、競技会検査および競技会外検査の統計結果をみても、尿検査は日本および世界で多く用いられていることがわかる（**表 15-1**）。その理由は、尿検査は人体から排出される尿を収集するという簡単かつ安全な方法でありながら、多くの禁止物質を検出することができるという利便性の高さにあるといえる。

　一方、検査において不正を防ぐために、アスリートが排尿する場面を DCO（ドーピング・コントロール・オフィサー）が目視する必要があり、アスリートは羞恥心等の心理的苦痛を伴う場合がある。特に女性アスリートは月経に伴う女性特有のストレスを感じていることも報告されている。他にも多くの発汗を伴う競技後は尿が出るまでに長い時間を要すること、尿を採取するために過剰な水分補給をしたことによる頻尿、それに伴う睡眠不足等、コンディション悪化の一要因になりうる問題もあり、難点がまったくないわけではない。

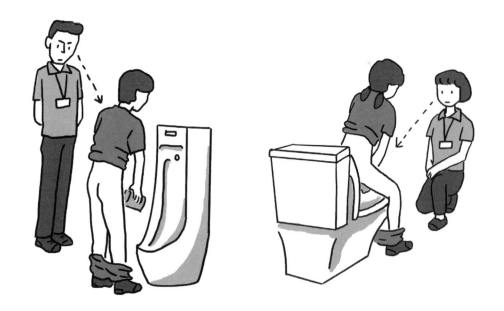

【図 15-1】 尿検査において排尿しているアスリートと目視している DCO

◉ 15-2-2　血液検査

　これまで主流であった尿検査に加えて、ドーピング検査の方法の一つとして血液検査が導入されたのは、2000 年のシドニーオリンピックからである。その背景として、1990 年代後半に持久力系競技を中心として、持久力を高めるためにエリスロポエチンや自己血

【表 15-1】〈ドーピング検査の実施件数〉

| | 競技会検査（ICT） | | | | | 競技会外検査（OOCT） | | | | |
| | 国内大会 | | 国際大会 | | 合計 | 国内大会 | | 国際大会 | | 合計 |
	尿	血液	尿	血液		尿	血液	尿	血液	
2021 年度（令和 3 年度）	2,068	92	256	11	2,427	3,143	594	157	91	3,985
2020 年度（令和 2 年度）	1,492	54	26	0	1,572	2,390	541	184	60	3,175
2019 年度（令和元年）	2,986	59	1,242	94	4,381	1,785	579	222	254	2,840
2018 年度（平成 30 年度）	3,397	0	840	18	4,255	2,182	384	57	65	2,688
2017 年度（平成 29 年度）	3,395	0	588	6	3,989	1,622	234	79	101	2,036

国内のドーピング検査実施統計（JADA）

液輸血などのいわゆる血液ドーピング、さらに、ヒト成長ホルモンを利用したドーピング行為が蔓延してきたことにある。これらの物質は従来の尿検査では検出が難しく、その解決策として血液検査が導入された。血液検査は、近年、オリンピックなどの主要競技大会では一般化しているものの、注射針をアスリートに穿刺して採血するために、侵襲性の度合いが高いこと、医療系有資格者の人員確保や血液検体の搬送における温度管理、高コスト等、問題がないわけではない。血液検査は特定の物質を検出する目的として利用され、今後も尿検査と併存、補完する存在にとどまると考えられている。

◉ 15-2-3　乾燥血液スポット（DBS: Dried Blood Spot）

　WADA 認証のドーピング検査の新しい方法である DBS は、指先や上腕部の毛細血管を穿刺し少量の血液を採取し、その血液をろ紙などに塗布し乾燥させるものである。血液検査の採血と比較して低侵襲であり、アスリートの負担を軽減できるとともに、検体の保管や輸送の面で利便性が高く、コスト面でも大きなメリットがあるとされている。

　2023 年から「検査及びドーピング調査に関する国際基準」における変更点の一つとして、DBS 検体の検査手順が設定された。

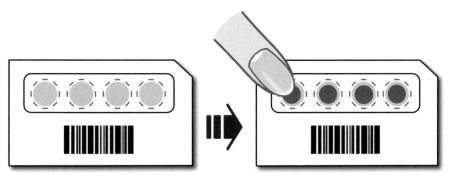

【図 15-2】　DBS

▷ 15-3　ドーピング検査の手順

◉ 15-3-1　尿検査の手順

ここでは、競技会検査における尿検査の検体採取手順について説明する。

（1）通告と移動

まず、DCOまたはシャペロン（アスリートへの通告から付き添い監視を担当する係員）から検査通告を受けたら、DCOまたはシャペロンの身分を確認する。検査における
アスリートの権利と責務に関する説明を受け、分からないことがあれば質問し、そのうえで通告書に署名を行う。検査の通告を受けたアスリートは、検査を拒否したり、意図的に
DCOを回避したり、DCOへの暴言や検体採取を妨害した場合には、アンチ・ドーピング規則違反となることがある。通告を受けたら必ず、検査に対応しなくてはならない。ただし、クールダウンやメディア対応、表彰式への出席、怪我の治療等、正当な理由がある
場合には、DCOからの許可のもと、検査室に行く前に必要な用事を済ませることができる。

署名をした後は、速やかに検査室に移動する。なお、検査が終了するまでは常にDCO
が同行し、DCOの視野の範囲内で行動し、また指示に従わなければならない。

通告を受けてから最初に出る尿を検査用として提出する。検査前に飲食をする場合には、
未開封であることを必ず自身で確認し、自己責任のもと摂取する。また、飲料の過度な摂取には注意が必要である。尿検体の濃度（比重）が基準値を下回ると、基準値を満たすまで検体採取が継続され、長時間の拘束を要することになりかねない。

（2）採尿カップの選定

検査室についたら、アスリートは机の上に準備された複数の採尿カップから一つのカップを選択し、カップの袋が未開封であるか、採尿カップや蓋に汚れや破損がないかを確認する。

検体を採取する前には必ず水道水で手をきれいに洗う（石鹸は使用しない）。

（3）尿検体の採取と提出

同性のDCO立ち会いのもと、トイレで採尿を行う。この際、DCOがスリートの身体から尿が直接出ていることを目視する必要があるため、アスリートは上着の袖や裾をまくり上げておく。尿検体は90ml以上必要であり、尿量が不十分な場合には、適切な量に達するまで検体採取が継続される。

採尿が終わったら速やかに蓋を閉め、DCOに見える位置に持ちながら検査室内の作業室へ移動する。

（4）検体封印作業

机の上に用意された複数のサンプルキットの中からアスリート自身が一つ選択し、選んだキットが未開封であることを確認し、自身で開封する。その際、サンプルキットの中身を全て取り出し、破損や汚れがないか、サンプルキットの箱の番号と同封されているボトル、キャップ、バーコードシールの番号がすべて一致しているかを必ず確認する。その後、DCO の指示のもと、尿検体を A ボトルと B ボトルに注ぎ、キャップを締める。

採尿コップの残った尿を使い、尿の比重を計測する。比重が満たない場合は追加で検体の提出が求められる。A ボトル、B ボトルに検体を注ぎ、キャップを締めたら、いずれも箱に入れて封をする。

（5）書類確認

最後に、検査の 7 日前から使用した処方薬や市販薬およびサプリメントを申告する。申請するべきが迷う場合には、申請することが推奨されている。

アスリートは個人情報や記載事項に間違いがないかを確認したうえで署名をし、その控えを受け取る。検査書類は競技を続けている間は自身で大切に保管する。

病気や怪我の治療を目的として禁止物質や禁止方法を使用する場合は、治療使用特例（TUE）の申請をする必要がある。

◉ 15-3-2　血液検査の手順

次に、競技会検査での血液検査の検体採取手順について説明する。

（1）通告と待機

血液検査においても、DCO からの通告〜検査室への移動までは、尿検査の検査手順と同様である。

検査室へ移動した後、採血の前に両足を地面につけた状態で 10 分間の安静をとる。10 分間の安静中に立ち上がると、その時点から再度 10 分間の安静をとらなければならない。また、血液検査前に運動をしていた場合は、運動終了後から 2 時間は安静にし、その後採血をすることがある。

（2）書類作成と体調確認

DCO から渡される重要事項が記載された書類をよく読み、必要事項を記入する。体調不良やアレルギーがある場合、また、過去に採血時に気分が悪くなったり、失神したことがある場合は、BCO（ブラッド・コレクション・オフィサー：血液検体を採取する人）の問診時に必ず伝える。

（3）キット選びと開封確認

机の上に複数用意された検査に使用する器具を一つ選択し、アスリート自身で破損や汚れがないか確認する。特に問題がなければ、DCO の指示に従い、バーコードシールとサンプルキットの検体番号が全て一致しているか確認し、DCO が採血管に検体番号の貼付する面を確認する。

（4）血液採取と止血

採血する際は、原則利き手以外の腕で実施する。ただし、BCO の判断により他方の腕が適切と判断した場合はその限りではない。

採血量が不十分であった場合、最大 3 回まで BCO が採血を試みる場合がある。

採血後は、BCO の指示のもとアスリート自身が止血をする。また、採血後 30 分は激しい運動等は避ける。

（5）検体封印作業

採血管に貼ってある検体番号とサンプルキットの蓋、ボトルの番号が全て一致しているか確認し、問題なければカチカチと音がしなくなるまで蓋を締める。

（6）書類確認

最後の書類作成と控えの受け取りについては、尿検査の際の手順と同様である。

▷ 15-4　居場所情報とは？

居場所情報とは、国際競技連盟（IF）や国内アンチ・ドーピング機関（JADA）から指定・登録されたアスリート（RTP/TP）自身が、クリーンであることを証明するために提出・更新するもの。検査対象者登録リストに登録されたアスリート（RTP/TP）は、居場所情報関連義務を負うこととなる。

▷ 15-5　RTP/TP アスリートとは？

RTP/TP アスリートは、IF または JADA から指定・登録されたされた、世界・日本のトップクラスのアスリートを指す。

※ドーピング検査は上記のアスリート以外にも、全てのアスリートが検査の対象となる可能性がある

> RTP：Registered Testing Pool（登録検査対象者リスト）アスリート
>
> TP：Testing Pool（検査対象者リスト）アスリート

▷ 15-6　居場所情報の提出・更新

　競技会外検査はいつでも・どこでも実施される。居場所情報の内容を参考に、DCO が検査を実施しに来れるよう、正確かつ詳細な情報の提供が求められる。居場所情報の提出は、WADA が運用・管理する「ADAMS」という Web システム、または「Athlete Central」というスマートフォン・タブレット用アプリから行う。ADAMS は、アンチ・ドーピング活動に関わる世界中の各関連機関・関係者の情報を管理・集約させるシステムで、情報の提供はクォーターごとに（1 月 1 日〜、4 月 1 日〜、7 月 1 日〜、10 月 1 日〜）区切られている。JADA で定められている提出締切は、次のクォータが始まる前月の 15日までとなっているが、IF やオリンピックなどの国際競技会によって、独自の提出期限が設けられている場合があるため、提出締切について確認が必要である。また、提出した情報に変更が生じたら、随時登録内容の更新を行う必要がある。

▷ 15-7　提出する情報

① 60 分時間枠

毎日 5:00~23:00 の間で、必ず DCO が訪れたら検査に対応することができる時間

②宿泊先

毎日の宿泊先住所（建物名や部屋番号等）

③定期的な活動

定期的なトレーニングや練習を行っている場所とその時間

④競技会情報

自身が出場する国内外の競技会の情報

※競技会のエントリーを済ませたら、すぐに提出・更新をする

▷ 15-8　居場所情報関連義務違反とは？

居場所情報関連義務違反は以下の 2 種類があり、RTP/TP それぞれに適用される。

①提出義務違反

・提出締切までに居場所情報の提出がない

・誤った情報が提出されている

・提出された情報が不十分であり、DCO がたどり着くことができない

・最新情報が更新されていない

②検査未了

自身が指定した「60 分時間枠」の時間と場所で検査を受けられなかった場合

　RTP アスリートは、居場所情報の提出・更新を怠り、自身の指定した 60 分枠での検査に対応できないと、居場所情報関連義務違反に問われる。12 カ月の間に居場所情報関

連義務違反が 3 回累積した場合、アンチ・ドーピングの規則違反（code2.4）となる。

　なお、TP アスリートの場合、居場所情報関連義務を負うものの、規則違反を問うための義務違反の記録までは行われないため、すぐに違反とはならないが、義務違反の状況や回数によって所属競技団体の関係機関への報告の上、RTP に変更される可能性がある。

文献

JADA HP 参照

「日本アンチ・ドーピング規定 2021」参照

多田光毅・入江源太・石田晃士『図解入門　よくわかるドーピングの検査と実際』秀和システム（2010）

第一東京弁護士会総合法律研究所スポーツ法研究部会『Q&A でわかるアンチ・ドーピングの基本』
　　同文舘出版（2018）

国立スポーツ科学センター『Report of Research　女性アスリートの戦略的強化に向けた調査研究
　　〜ドーピング検査によるコンディション悪化の防止〜』丸産印刷（2018）

トップアスリートのドーピング検査に関する実態及び性差

錦織千鶴・久保陽子・土肥美智子『Journal of High Performance Sport1』（2019）

杉山翔一・高田佳匡・高松政裕・溜箭将之・塚本聡『アンチ・ドーピングの手続きとルール』商事法
　　務（2021）

アンチ・ドーピングに関わる人々

　アスリートは、日々栄養や健康面に気を使いながらトレーニングを積んでいる。競技ごとにその詳細な要素は異なるが、そこには家族、友人、チームメート、コーチなどのサポートをはじめ、鍛錬だけでは攻略できない健康管理、スポーツによる障害の治療・予防、トレーニングや、フェアでクリーンなアスリートであることの証明などさまざまな分野の専門職種による支援が必要不可欠である。その対象は、トップアスリートからスポーツ愛好家、またスポーツをする青少年と幅広く、アスリートとの関わりや親密度などは競技やレベル、アスリート個人によってそれぞれである（図 16-1）。

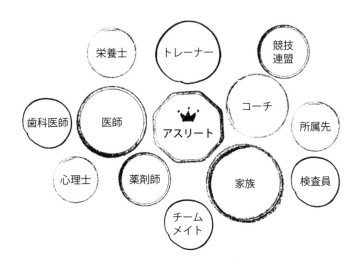

【図 16-1】　アスリートを支える人々

　この章では特に、アスリートとアンチ・ドーピングに関わる専門職種とその活動内容について説明する。

▷ 16-1　薬剤師

　前章でも述べたように、アスリートは日頃から自分の口に入れるものには責任を持つ必要がある。

　医療機関で処方された薬、または薬局やドラッグストアで自分で購入した薬がアンチ・ドーピング規則違反に該当せず安全に使用できるかどうかを自分で調べる手段もある。しかし、販売名と主成分の名称が異なっている場合や、異なる成分だが販売名が類似する場合もある。また内服なのか、点眼なのか、点滴なのか等の投与する方法により規定が異なる成分も存在する。なかには貼り薬でも全身に作用するために禁止される成分もあり、どんな一流のアスリートでも医薬品に関して自己判断をすることは危険をともなう。

　これらのアンチ・ドーピングに関する知識を得て日本アンチ・ドーピング機構（以下、JADA）が認定する課程を修了した薬剤師に認定されるのがスポーツファーマシストである[1]。

　スポーツファーマシストの多くは調剤薬局、ドラッグストア、病院等アスリートにとって身近な場所で従事する傍ら、アスリートが受診した際アンチ・ドーピングに関する相談応需や情報提供を行なっている。各競技連盟やスポーツクラブに所属しているスポーツファーマシストの場合はアスリートの健康と医薬品の管理とともに、コーチやトレーナー、保護者たちに対して講習会を行うこともある。また学校薬剤師としてアンチ・ドーピング情報を介した医薬品の使用に関する情報提供・啓発活動も期待される役割とされている。

▷ 16-2　医師

　アスリートに関わる医師はスポーツドクターと呼ばれ、スポーツを安全かつ効果的に行うための診断・治療・予防も含めた総合的な医学的サポートを行う。整形外科領域だけではなく、内科、脳外科、婦人科、呼吸器内科など、様々な専門医師がアスリートを支えている。

　現在、日本におけるスポーツドクターの制度は、『健康スポーツ医』、『日本整形外科学会認定スポーツ医』、『日本スポーツ協会（以下、JSPO）公認スポーツドクター』の３種類あり、それぞれ日本医師会、日本整形外科学会、JSPO の各団体が研修を行い認定している。スポーツドクターとして活躍するためには、医師免許取得後、３種類あるいずれかの認定資格を取得する必要がある。複数取得する場合は認定の研修内容が統一されている分野もあるため、一部受講が免除される。それぞれの認定資格の特徴として、健康スポーツ医は、日常の診療や学校医・産業医として運動指導・運動療法を行い、自治体と協力して地域の健康増進事業やスポーツ大会などで救護活動を行う[2]。日本整形外科学会認定スポーツ医は、整形外科的な知識や技量に基づいた運動による外傷・障害の予防や治療を行う[3]。　また、JSPO 公認スポーツドクターは、都道府県の大会や、国体、オリンピックな

どに出場するアスリートを主な対象として運動による外傷や障害の予防・治療を行っている[4]。

　アスリートに薬を処方するにあたり、アンチ・ドーピングの知識は必要不可欠である。スポーツドクターの研修では、アンチ・ドーピングの講習が含まれている。

▷ 16-3　歯科医師

　競技特性上、マウスガードを使用する種目では、マウスガードの作成にあたり歯科受診する機会がある。しかし、マウスガードの使用の有無にかかわらず、歯や顎といった口腔内の健康とスポーツには深い関わりがある。

　平成23年に制定されたスポーツ基本法が定めている通り、歯科学はスポーツ医学の一分野を担っており、スポーツ歯科では、アスリートの歯科検診、一般的な歯科治療や応急処置、スポーツ外傷（歯の破折・脱落、顎骨骨折等）に関する相談・治療・応急処置や、スポーツ外傷防止のためマウスガードの作成・調整を行う[5]。

　歯科医師のなかでも、歯科医師の立場からスポーツ現場での活動を支援したりスポーツ歯科医学の研究、教育、普及活動を役割とし JSPO により認定される『スポーツデンティスト』[6]、スポーツ歯科医学に関する科学と関連技術が日本スポーツ歯科医学会（以下、JASD）により認定された専門家として、『JASD 医学認定医』の制度があり[7]、アスリートの歯科領域における健康を支えている。

　現在、オリンピックやユニバーシアード大会などの日本代表候補選手に対するメディカルチェックには内科、整形外科と歯科の3科が義務づけられていることから[8]、トップアスリートの口腔内の健康の重要性がわかる。

　歯科においても治療の過程で医薬品を使用する可能性はあるため、いずれの認定においてもスポーツドクター同様アンチ・ドーピングに関する講習が含まれる。

▷ 16-4　栄養士

　スポーツ現場で働く栄養士は、主に運動能力の向上、および怪我や疲労が起こりにくい身体づくりのため、栄養や食事に関するアドバイスやサポートを行う[9]。アスリート個人はもちろん、監督やコーチ、スポーツ団体からのニーズも高く、チーム医療と同様、監督、コーチ、トレーナー、医・科学の各専門分野のスタッフと連携し、専門的なサポートを行うことが必要である。

　基本的に管理栄養士の資格を取得していれば、スポーツ現場で活躍することができるが、JSPO 公認スポーツ栄養士の認定資格[10]や、運動生理学的な知見を学んでおくと、活躍の場は広がる[11]。

　栄養士は、アスリートから栄養に関する相談を多く受けており、サプリメントに関する相談も多い。近年サプリメントによるアンチ・ドーピング規則違反も多く報告されていることから、栄養士もアンチ・ドーピングの知識が必要となってきている。

▷ 16-5 トレーナー

トレーナーはアスリートにとって最も身近なメディカルチームの一員であり、外傷・障害の予防やパフォーマンスの向上をサポートする[12]。

日本では古くから鍼灸師、柔道整復師などの有資格者やスポーツ科学・トレーニング領域を学んだ人たちが各方面からトレーナーとして活躍してきた。そのため、「共通言語をもつ状況を生み出す」「基礎知識と技能の両面において共通の物差しを用いてアスリートをサポートする」ことを目的として JSPO 公認アスレティックトレーナー（JSPO-AT）はつくられた[13]。

日本代表レベルで活躍するトレーナーになる為には、国家資格と JSPO-AT を取得していることが望ましいとされている。国家資格には、理学療法士、柔道整復師、鍼灸師、あん摩マッサージ指圧師があり、アスリートのケアができるのも国家資格を持っているトレーナーの特徴の一つである。

また、スポーツドクターが帯同しない現場においてはトレーナーが唯一のメディカルスタッフになることもあり、アンチ・ドーピングの知識も必要となる。

▷ 16-6 ドーピング検査員

ドーピング検査は、フェアでクリーンなスポーツと、クリーンなスポーツに参加するアスリートの権利を守ることを目的とし実施される。検査には、「競技会検査」と、「競技会外検査」がある。「競技会検査」は、競技会（時）に禁止される物質と方法や特定競技における禁止物質の検査のために競技会において実施され、「競技会外検査」は、常に禁止される物質と方法の検査のため競技会以外の自宅や練習場などで実施される。採取する検体は、尿のみ、血液のみ、または尿と血液の両方のいずれかとされている。適切で、アスリートが安心して受けられるドーピング検査を実施できるよう、JADA が指定する研修会を受講し認定に関わる審査を通過した検査に必要な最新の知識や手技を持ったドーピング検査員（Doping Control Personnel: DCP）の存在が不可欠だ[14]。

検査の信頼性や正確性の保証のために日本代表クラスのトップアスリートになると居場所情報の提出と競技会外での検査が求められ、検査に慣れない場合初めてのことに不安が生じたり、緊張して尿が出ないなどアスリートにとって負担がないとは言い切れない。しかし、ドーピング検査を受けるということはトップアスリート義務であり、その証でもある。ドーピング検査員またはシャペロン[1]からの本人確認と検査通告には素直に応じ、フェアでクリーンなスポーツであることをアスリート自らが自信をもって証明してほしい。

1）シャペロン：アスリートへの検査通告からドーピング検査室への誘導および看視・付き添い、その他ドーピング検査の運営に関する補助を業務とする

文献

（1）スポーツファーマシスト／スポーツファーマシストとは（https://www.sp.playtruejapan. org/about/index.html）

（2）公益社団法人東京都医師会「健康スポーツ医とは」（med.or.jp）

（3）公益社団法人日本整形外科学会「認定スポーツ医名簿」（joa.or.jp）

（4）JSPO「スポーツドクター ──スポーツ指導者」（japan-sports.or.jp）

（5）上野俊明ほか『要説　スポーツ歯科医学　第2版』医学情報社（2020）4-7項

（6）日本スポーツ協会「スポーツデンティスト」（https://www.japan-sports.or.jp/coach/ tabid899.html）

（7）日本スポーツ歯科医学会「認定制度」（http://kokuhoken.net/jasd/recognition/）

（8）独立行政法人日本スポーツ振興センター『ハイパフォーマンススポーツセンター年報2021』 （https://www.jpnsport.go.jp/hpsc/Portals/0/resources/hpsc/publications/ nenpou2021.pdf）

（9）公益社団法人日本栄養士会「公認スポーツ栄養士」（dietitian.or.jp）

（10）公益社団法人 日本栄養士会「管理栄養士・栄養士とは」（dietitian.or.jp）

（11）『中高生のスポーツハローワーク：スポーツを仕事にしたい君へ』（2022）

（12）JSPO「公認スポーツ指導者概要──スポーツ指導者」（japan-sports.or.jp）

（13）『アスレティックトレーニング学』（2019）

（14）ドーピング検査員（https://www.playtruejapan.org/activity/resource.html）

アンチ・ドーピング教育

　この章では、学校教育におけるアンチ・ドーピング活動をアンチ・ドーピング教育と定義し、学校の授業でアンチ・ドーピング活動が取り扱われるようになった経緯について解説を行う。それらを踏まえたうえで、禁止薬物や各種制度に関する知識の習得のみならず、アンチ・ドーピング教育を通した人材育成を目的とする授業を提案する。

　スポーツの価値において、ルールを守り相手を尊重して公平に戦う心構え、いわゆるフェアプレイの精神は、多くの子どもたちに伝えるべき価値あるものである。このフェアプレイの精神を脅かすものがドーピングであるため、これを許さないアンチ・ドーピング活動について学び、その背景や事例について考える授業を展開することで、スポーツを通した人間性の育成に大きく寄与することだろう。

▷ 17-1　アンチ・ドーピング教育の現在

　世界アンチ・ドーピング機構（WADA）の 2021 年版「世界アンチ・ドーピング規程（以下、2021Code）」が施行され、それに伴ってアンチ・ドーピング教育活動に関する国際基準として「教育に関する国際基準（以下、ISE）」が新たに発行された。この基準を達成するために、わが国では日本アンチ・ドーピング機構（JADA）によるアンチ・ドーピング教育活動が盛んに行われている。具体的には、スポーツ庁委託事業の一環として「2021Code/ISE の履行に向けた教育に関する検討会議」が設置され、日本オリンピック委員会、日本スポーツ協会、大学スポーツ協会、全国高等学校体育連盟、日本中学校体育連盟等の委員や有識者が参画し、今後の教育活動の計画が行われた。

【図 17-1】　日本におけるアンチ・ドーピング教育導入の流れ

　その中で、アンチ・ドーピング教育活動の目的は、スポーツの精神と価値を保護し、ア
スリートの健康を守るとともに、アスリートがドーピングのないクリーンでフェアなス
ポーツに参加する権利を守ることと考えられている。活動内容としては、JADAがアスリー
ト、サポートスタッフ、医療関係者などを対象とした研修会を行う教育プログラムや、学
校を対象としたプログラム(スクールプロジェクト)が開催されている。スクールプロジェ
クトが計画された背景には、2013 年より高等学校学習指導要領にアンチ・ドーピング教
育に関する内容が明記された点が挙げられる。学習指導要領とは、日本国民が地域に関係
なく一定の水準の教育を受けられるようにするために文部科学省が学校教育法に基づいて
公示している教育課程（カリキュラム）を編成する際の基準である。この学習指導要領で
求められている内容をもとに、JADA はスポーツの価値を基盤とするアンチ・ドーピン
グ教育活動を推進しており、ドーピングに関する知識を育む教材や、スポーツの価値につ
いて考えられるエピソードをまとめた事例を閲覧・ダウンロードできるサイトの運営や、
教員を対象としたワークショップを開催している。具体的な教材としては、スポーツの文
化的価値に関するクイズや、アンチ・ドーピングについて考える動画教材などがあり、生
徒の興味・関心を高めつつ、対話のテーマとなる教材が提供されている。また、授業の際
に教科書のような形でアンチ・ドーピングに関する知識を学べる副読本なども公表されて
いる。これらの教材を活用することで、学校教育においてより質の高いアンチ・ドーピン
グ教育が展開できる。

JADA 教育プログラム	スクールプロジェクト
・アンチ・ドーピング研修会 ・ユースの競技会に JADA ブースを設置 ・加盟団体のアンチ・ドーピング活動支援 ・スクールプロジェクト	・アンチ・ドーピングに関する動画教材 ・スポーツの価値に関するクイズ ・アンチ・ドーピング授業の副読本発行 ・授業づくりワークショップ

【図 17-2】　JADA のアンチ・ドーピング活動とスクールプロジェクトの活動内容

　また、現在の学校教育の現場で求められていることは、大学などの高等教育機関におい

て、アンチ・ドーピング教育の授業の見本となるような好事例を作成し、他機関での教育実施を促進することである。また、中等教育機関（高等学校など）においては、先述のように教育活動の指針となる学習指導要領において、保健体育分野にてアンチ・ドーピング教育に関する内容が明示されており、保健体育の時間におけるアンチ・ドーピング教育の実践が求められている。

▷ 17-2　学習指導要領におけるアンチ・ドーピングの取り扱い

　高等学校学習指導要領保健体育編において、アンチ・ドーピング教育は体育理論の分野において扱われており、「1 スポーツの文化的特性や現代のスポーツの発展」に関連した知識として身に付けることが求められている。具体的には、現代のスポーツの意義や価値に関する内容で、下記のように記述されている。

> **学ぶ意義**
>
> 現代のスポーツは、オリンピックやパラリンピックなどの国際大会を通して、国際親善や世界平和に大きな役割を果たし、共生社会の実現にも寄与していること。また、ドーピングは、フェアプレイの精神に反するなど、能力の限界に挑戦するスポーツの価値を失わせること。　　　　　　　　　　（高等学校学習指導要領解説・保健体育編 p.176）

　このようにドーピングがスポーツの文化的な価値を損なう行為であることが強調されており、社会におけるスポーツの価値や、フェアプレイの精神などについて重点的に学ばなければならない。また、指導に関する補足では、以下のような内容が記述されている。

> **指導に関する補足**
>
> 競技会での勝利が個人や国家などに多大な利益をもたらすようになるとドーピング（禁止薬物使用等）が社会問題として取り上げられるようになったこと、ドーピングは不当に勝利を得ようとするフェアプレイの精神に反する不正な行為であり、能力の限界に挑戦するスポーツの文化的価値を失わせる行為であることを理解できるようにする。なお、指導に際しては、中学校で「国際的なスポーツ大会などが果たす文化的役割」を、保健分野の薬物乱用と健康」でドーピングの健康への影響に触れていることを踏まえ、オリンピック、パラリンピックを通したスポーツの価値をドーピングの防止に重点を置いて取り扱うようにする。　　　（高等学校学習指導要領解説・保健体育編 pp.177-178）

　このように、ドーピングがスポーツの文化的な価値を失わせる行為であることに触れながら、中学校での教授内容との関連付けに留意して指導する必要がある。また、具体的な授業の内容については、スポーツの文化的な価値の観点から、以下の内容を取り扱うように記述がなされている。

授業の内容

スポーツの変容や我が国から世界に発展したスポーツがあること、スポーツが国際親善や世界平和、共生社会の実現時貢献していること、スポーツの文化的価値を失わせる行為としてドーピングがあること、現代社会ではスポーツは経済的な波及効果があり、その高まりとともに市民としての責任ある行動が求められていること、持続可能なスポーツの推進には、環境や社会にもたらす影響を考慮すること等を中心として構成している。　　　　　　　　　　　　　　　（高等学校学習指導要領解説・保健体育編 p.177）

　これらのことを踏まえ、高等学校では、保健体育の体育理論の時間において、オリンピックなどの国際的なスポーツ大会の文化的価値に触れながら、アンチ・ドーピングの知識を養う授業を展開することが求められている。

▷ 17-3　アンチ・ドーピング授業の事例

　前節を踏まえ、高等学校におけるアンチ・ドーピング授業を考案し、事例として提案する。本授業は、2時間構成とし、1時間目はドーピング、アンチ・ドーピングに関する基本的な知識について学び、2時間目に、JADAの提供する動画教材を用いてスポーツの価値について考える授業デザインとした。対象は高等学校1年生40名とし、授業時間は50分を想定して作成した。取り扱う教材は、保健体育の教科書『現代高等保健体育 改訂版』（大修館書店 2021年発行）に加えて、先述の JADA が提供するアンチ・ドーピング動画教材「アンチ・ドーピングを通して考える〜アニメーションとインフォグラフィックスを用いて、スポーツの価値からアンチ・ドーピングを考えるための動画教材〜」と、意見の記入とノートの役割を持つ学習カードを用いて行う。動画教材は、主人公の男の子が、憧れのスポーツ選手のドーピング発覚報道を見たことをきっかけに、①スポーツの価値、②スポーツの価値を壊すもの（ドーピング）、③スポーツの価値を守るもの（アンチ・ドーピングの歴史、意義）、④スポーツの価値と日常生活のつながりの4点について考える物語となっている。この物語を見ながら、スポーツの価値とドーピングについて自分なりの意見を学習カードに記述して発表するなどの活動に加えて、スポーツの価値と日常生活のつながりについて話し合うなどのグループ学習を行う授業を展開していく。

　授業方法について、2016年に文部科学省から今後の教育方策が審議され、子どもたち

の課題解決能力や伝える力を育むために授業内容と授業方法の改善が求められた。その中でも特に、「主体的・対話的で深い学び」を実現する授業が重要視されている。具体的には、学習者が興味関心・目的意識を持って授業に取り組み、他者と授業内容について話し合いながら、解決策を考えるような授業が例として挙げられるだろう。そのため、教師から生徒に対して一方的に教えるという講義型学習ではなく、意見発表や話し合いなど教師と生徒が双方向的に関わり、さらには生徒同士で深くコミュニケーションを取れるような課題解決型授業（PBL: Project Based Learning）が求められているといえる。これを踏まえ、今回の授業ではアクティブ・ラーニングの手法として用いられるグループワーク、ジグソー法、Think Pair Share の3つを使った授業を展開していく。ジグソー法とは、分解された課題をそれぞれ個人で解決し、それらを持ち寄って教え合うことで、共同で課題全体を解決し理解を深めようとする協調学習法である。また、Think Pair Share とは、教員からの発問に対して、まず生徒が個人で考え（Think）、ペアで話し合い（Pair）、その内容を全体に共有（Share）する方法である。本章では、これらの手法を導入した課題解決型の授業を提案する。

【表17-1】　アクティブ・ラーニングの方法

グループワーク	2〜6名で構成された集団で課題や議論に取り組む学習方法
ジグソー法	分解された課題をそれぞれ個人で解決し、それらを持ち寄って教え合うことで、共同で課題全体を解決し理解を深めようとする協調学習法
Think Pair Share	教員からの発問に対して、まず生徒が個人で考え（Think）、ペアで話し合い（Pair）、その内容を全体に共有（Share）する方法

資料①　体育理論「アンチ・ドーピング教育①アンチ・ドーピングついて学ぶ」

対　　　象：高校 1 年生

本時の位置：2 時間中の 1 時間目（50 分）

本時の目標：アンチ・ドーピングに関する基本的な知識を身につけることができる。

段階・時間	生徒の学習内容	教師行動・留意点
導入 7 分	1. ドーピングの定義、ドーピング違反につい理解する（教科書 p.132~） ・ドーピングの定義と呼び名の由来についての説明を聞く ・ドーピング違反行為について、WADA 規程の要約から理解する	【発問】 ドーピングという言葉について聞いたことがありますか、また何か知っていることはありますか ・個人で発表させ、発表内容を板書する ・定義を説明し、学習カードに記入させる 　⇒学習カード（1）①
展開① 8 分	2. アンチ・ドーピングについて理解する ・アンチ・ドーピングとはなにか理解する ・JADA（日本アンチ・ドーピング機構）、WADA（世界アンチ・ドーピング機構）とは何か、どのような取り組みがあるか理解する	・ドーピングの検査方法、アンチ・ドーピング活動について解説を行い、重要な点を学習カードに記入させる 　⇒**学習カード（1）②**
展開② 10 分	3. ドーピングの事例について考える ・ドーピングの事例について、知っていることを学習カードに記入したのち、隣の人と話し合い、全体に発表する 4. ドーピングの事例について学ぶ ・ドーピングの事例についての説明を聞く 　（例）最初に発覚したドーピングとされている 1868 年アムステルダムの水泳大会での薬物使用を紹介する 　（例）オリンピックや、ツール・ド・フランスなどの世界的な大会におけるドーピング違反を紹介する	【話し合いの方法】 ○ Think Pair Share：生徒が個人で考え（Think）、ペアで話し合い（Pair）、その内容を全体に共有（Share）する ・自己の意見を学習カードに記入させる 　⇒**学習カード（1）③** ・パワーポイントを用いて、ドーピング違反の事例について説明する
展開③ 15 分	5. ドーピングの効果、禁止薬物について ・ドーピングの方法や禁止薬物の種類と効果、健康への影響についての説明を聞く ・もし、自分がドーピング違反をしても発覚しないとしたら、ドーピングを使うか考える ・ドーピングを使うとしたらどのような能力を高めたいか考えてみる ・スポーツ倫理・フェアプレイの精神についてついて理解する（教科書 p.133）	【話し合いの方法】 ○グループワーク：4 人〜6 人のグループ作り、自己の意見を学習カードに記入した後、グループで共有する。各グループ良い意見を 1 つ選び板書する 　⇒**学習カード（1）③、④** ・ドーピングの方法と種類について説明する ・板書された意見と関連させながら、スポーツ倫理、フェアプレイの精神について解説する
まとめ 5 分	6. 本時の内容についてのまとめ	板書の内容に触れながら、本日の目標が達成できたかの確認を行う

資料②　体育理論「アンチ・ドーピング教育②ドーピングとスポーツの価値について」

対　　　象：高校1年生

本時の位置：2時間中の2時間目（50分）

本時の目標：スポーツの価値について考えることで、ドーピングがスポーツの価値に与え
　　　　　　る影響について理解することができる。

段階・時間	生徒の学習内容	教師行動
導入 10分	1. スポーツの価値について考える ・ペアでスポーツの価値について何があるか考える ・スポーツの価値に関する説明を聞く ・スポーツの文化的価値、経済的価値、フェアプレイの精神などについて理解する	【発問】 スポーツの価値ってどんなものがあると思いますか ・個人で発表させ、発表内容を板書する ・スポーツの価値について説明し、学習カードに記入させる 　⇒学習カード（2）①
展開① 15分	2. スポーツの価値を壊すドーピングについて考える ・スポーツのもつさまざまな価値に対して、ドーピングがどのような影響を与えるか、ジグソー法を用いて調べ学習を行い、グループで教え合う	【話し合いの方法】 ジグソー法：3人グループをつくり、ドーピングがもたらすスポーツの①文化的価値②経済的価値③教育的価値への影響について、各個人の担当を決め、教科書やインターネットを用いて調べ学習を行い、成果を共有し合う 　⇒学習カード（2）②
展開② 20分	3. アンチ・ドーピングに関する動画教材の視聴し、スポーツの価値について考える ・JADAの動画教材「アンチ・ドーピングを通して考える〜アニメーションとインフォグラフィックスを用いて、スポーツの価値からアンチ・ドーピングを考えるための動画教材〜」を視聴する（9分） ①スポーツの価値を守るもの（アンチ・ドーピングの歴史、意義）について考える ②スポーツの価値と日常生活のつながりについて考える	・学習カードに意見を記入させ、展開①の内容にふれながらスポーツの価値とドーピングについて説明を行う 　⇒学習カード（2）③
まとめ 5分	4. 本時の内容についてのまとめ	板書の内容に触れながら、本日の目標が達成できたかの確認を行う

資料1

学習カード（1）

　　　　　　　　　年　　組　　番　氏名

本時の目標：アンチ・ドーピングに関する基本的な知識を身につけることができる

①ドーピングについて知ろう

・ドーピングの定義【　　　　　　　　　　　　　　　　　　　　　　　　　　】

・ドーピングの違反行為にはどのようなものがありますか？

②ドーピング違反の事例について知っていることを書きましょう

③ドーピングの方法、種類にはどのようなものがあるかまとめましょう

④ドーピングを使っても決して発覚しないとしたら、どんな能力を高めたいですか？

資料2

学習カード（2）

年　　組　　番　氏名
_____

本時の目標：スポーツの価値について考えることで、ドーピングがスポーツの価値
に与える影響について理解することができる

①スポーツの価値にはどんなものがあると思いますか

> (記入欄)

②ドーピングがスポーツの価値に与える影響について考えてみましょう

　担当：ドーピングがもたらすスポーツの（　　　　　　　）的価値への影響について

> (記入欄)

③アンチ・ドーピングの動画を視聴して考えましょう

・スポーツの価値を守るものはなんでしょうか

> (記入欄)

④スポーツの価値と日常生活のつながりにはどんなものがあるでしょうか

> (記入欄)

文献

市坪誠・油谷英明ほか『授業力アップ アクティブ・ラーニング』実教出版（2016）

公益財団法人日本アンチ・ドーピング機構　HP：https://www.playtruejapan.org/

公益財団法人日本アンチ・ドーピング機構「世界アンチ・ドーピング規定2021」（日本語翻訳）

文部科学省「高等学校学習指導要領解説・保健体育編」（2018）

宮崎明世「高等学校の体育理論におけるアンチ・ドーピング授業の検討 ―― JADA アンチ・ドーピングテキストを活用して」『筑波大学体育系紀要』40（2017）43-55頁

和唐正勝・高橋健夫ほか『現代高等保健体育 改訂版』大修館書店（2017）

World Anti-Doping Agency, *Guidelines for the 2021 International Standard for Education* (ISE) (2021)

Author

🐾 編著者

布袋屋浩 *Hoteya Kou*
日本大学スポーツ科学部　教授
（6 章、9 章担当）

中島理恵 *Nakajima Rie*
日本大学薬学部　専任講師
（10 章担当）

加藤幸真 *Kato Yukimasa*
日本大学スポーツ科学部　専任講師
（3 章担当）

🐾 著者

松尾絵梨子 *Matsuo Eriko*
日本大学スポーツ科学部　准教授
（1 章担当）

加藤秀治 *Kato Shuji*
日本大学国際関係学部　助教
（2 章担当）

進藤大典 *Shindo Daisuke*
日本大学薬学部　准教授
（4 章、5 章担当）

小沼直子 *Onuma Naoko*
日本大学薬学部　助教
（7 章担当）

澤野大地 *Sawano Daichi*
日本大学スポーツ科学部　准教授
（8 章担当）

小松﨑康文 *Komatsuzaki Yasufumi*
日本大学松戸歯学部付属病院薬剤室　主任
（11 章担当）

齋藤弘明 *Saito Hiroaki*
日本大学薬学部　専任講師
（12 章担当）

犬伏拓巳 *Inubushi Takumi*
防衛医科大学校保健体育学科目　助教
（13 章担当）

矢作忠弘 *Yahagi Tadahiro*
日本大学薬学部　助教
（14 章担当）

錦織千鶴 *Nishikori Chizuru*
日本大学生物資源科学部　専任講師
（15 章担当）

松島美菜 *Matsushima Mina*
薬剤師
（16 章担当）

村木佑子 *Muraki Yuko*
国家公務員共済組合連合会平塚共済病院
薬剤師（16 章担当）

加藤研三 *Kato Kenzo*
一関工業高等専門学校　助教
（17 章担当）

（章順、2023 年 4 月現在）

■装画・挿絵（78、89, 160 頁）
新倉サチヨ

■カバーデザイン
宮部浩司

実践に向けたスポーツ科学の基礎・応用

2023 年 4 月 22 日　初版 1 刷発行

著　者　布袋屋浩／中島理恵／加藤幸真

発行者　鋤柄　禎

発行所　ポラーノ出版
　　　　〒 195-0061　東京都町田市鶴川 2-11-4-301
　　　　mail@polanopublishing.com
　　　　https://www.polano-shuppan.com/

　　　　Tel 042-860-2075　Fax 042-860-2029

印　刷　モリモト印刷